W0201813

U2...

von jürgen seibold

Dokumentation: Hanspeter Künzler (London), Katja Röcker, Petra Schumacher
sowie Guido Schut und Frank Rumpf vom U2-Fanclub „PRIDE“

Bildquellen
Intertopics (Cover); Chris Walter/Relay: Seite 21, 32 (oben);
David Wainwright/Relay: 28, 29 (2), 51, 59; André Csillag/Relay: 55; Relay: 57(unten);
Paul Slattery/Retna: 4, 7, 8, 10, 12, 14, 15, 16, 17,18, 19, 20; Ian Macauley/Retna: 67 (unten);
Luciawo/Retna: 67 (Mitte links); Armando Gallo/Retna: 66 (rechts); Adrian Boot/Retna: 6, 68;
Ross Barnett/Retna: 2; Jay Blakesberg/Retna: 64; Gary Gershoff/Retna: 32 (unten), 70 (oben links);
T. Alloyo/Retna: 47; Steve Rapport/Retna: 5, 43 (unten); Steve Rapport/LFI: 3, 9 (oben), 11, 13;
Ed Weidman/LFI: 22; Neal Preston/LFI: 25, 33, 39, 42, 43 (oben rechts), 53 (Mitte unten), 70 (unten);
Godefroit/LFI: 53 (oben); Serge Thomann/LFI: 53 (Mitte oben und unten); Tom Sheehan/LFI: 27, 38;
De Sota/LFI: 31; Notus/LFI: 40, 46 (oben rechts); Phil Loftus/LFI: 41, 46 (links unten),
67 (oben rechts), 70 (oben rechts); Kevin Mazur/LFI: 43 (oben links), 54 (oben), 54 (unten), 55 (links),
56/57, 76; Angie/LFI: 50; Ken Regan/LFI: 65, 80; Arthur Field/LFI: 71; LFI: 30;
D. Ridgers: 23, 26, 72, 73, 74 (2), 75; Peter Anderson: 24, 58, 60/61, 63;
André Csillag: 9 (unten), 44, 48 (2); 34 – alle Photo Selection;
Iris Burger: 36 (2), 37 (2), 49; Michael Malfer: 52, 66 (oben links) – alle bold bilderdienst.

Dieser Band erscheint in der Reihe VIP-music.
VIP ist ein Imprint der Verlagsunion Erich Pabel-Arthur Moewig KG, Rastatt

Originalausgabe

Textbearbeitung: Petra Raszkowski
Titelgestaltung: Graphics, Darmstadt
Innenlayout: Jürgen Seibold
Produktion: Seibold Medien, Winnenden
Druck und Bindung: VPM, Rastatt
Printed in Germany 1992
ISBN 3-8118-3093-7

...anfänge:

„Wir kommen aus Dublin – und diese Stadt gilt wohl nicht gerade als Zentrum der Rock'n'Roll-Welt", erzählte Bono dem Musikmagazin NEW MUSICAL EXPRESS im Oktober 1984. „Also haben wir unsere Schultern gegen die Tür zum Rockbusineß gestemmt. Und als wir begannen, sie einen Spalt aufzudrücken, entdeckten wir, daß uns das relativ leicht fiel, wenn wir nur all unsere Kraft, all unsere Aggression dafür aufwendeten."

Angefangen hat alles mit einem Zettel, den Lawrence Mullen Junior – genannt Larry – an irgendeinem Tag des Jahres 1976 ans Schwarze Brett der Mount Temple School hängte: „Leute gesucht", soll dort zu lesen gewesen sein, „die Spaß an fetziger Musik haben und den Mut, ihr Talent in einer Band zu erproben."

Wenige Tage vergingen, dann trafen sich in der Küche von Larrys Eltern einige Amateurmusiker, um mit dem Bandgründer in spe zu ein paar Songs von den Rolling Stones zu improvisieren. „Einige der Jungs", erinnerte sich Larry später in einem Interview mit der Zeitschrift TIME, „konnten ziemlich gut spielen – Edge gehörte dazu." Der war Gitarrist und hörte damals noch auf den bürgerlichen Namen Dave Evans.

Der nächste, bitte! Larry: „Adam nahm ich, weil er so toll aussah. Er machte sich wirklich gut – buschiges Haar, langer Kaftan und eine Baßgitarre mit Verstärker. Und als ich ihn dann praktisch druckreif reden hörte, dachte ich mir: ‚So, wie der spricht, muß er einfach toll spielen können...'"

Einer fehlte noch. Und wieder Larry: „Dann kam Bono ins Zimmer... Er wollte eigentlich Gitarre spielen, aber das konnte er nicht besonders gut. Also begann er zu singen. Auch das konnte er zwar nicht sehr gut, aber er hatte eine ungeheure Ausstrahlung, die alle in diesem Zimmer sofort in ihren Bann schlug."

Eine schöne Anekdote. Nett anzuhören ist auch eine andere Version, die Bono alias Paul Hewson 1987 der Zeitschrift SOUNDS erzählte: „Adam", sagte er, „schleifte mich buchstäblich an den Haaren in den Proberaum und zwang mich geradezu, Mitglied von U2 zu werden. Ich wußte wirklich nicht, wozu ich Teil einer Band sein sollte. Adam dagegen war es mit seinen 15, 16 Jahren schon völlig klar, daß Rock'n'Roll das war, womit er sein Leben verbringen wollte."

Über die Qualität ihrer ersten musikalischen Darbietungen waren sich die Jungs offenbar schon eher einig. „Wir waren", zitierte die Musikzeitschrift ME/SOUNDS Bono im Dezember 1991, „Anfänger, wie sie blutiger nicht sein können. Wir wußten nicht mal, wie man auf der Gitarre E-Dur greift. Als wir Jahre später mit Cracks wie Sting oder Peter Gabriel auf einer Bühne standen, schlotterten uns die Knie. Die Kommunikation mit Künstlern dieses Kalibers war wie eine Erziehung für uns. Und ist es noch immer."

1976 war daran jedenfalls noch nicht zu denken. Unter Gruppennamen wie The Hype und Feedback verdienten sich Bono, The Edge, Larry und Adam die ersten Sporen, bevor sie sich den neuen Gruppennamen U2 gaben.

Woher der Name kam? U2 sollte als Kürzel für you too – zu deutsch: auch ihr – stehen. Allerdings vermuteten damals einige Rockfans in Dublin, der Gruppenname sei als Anspielung auf die amerikanischen U2-Aufklärungsflugzeuge gedacht, von denen aus im Oktober 1962 die ersten Fotoaufnahmen der sowjetischen Raketentransporte nach Kuba gemacht worden waren. Zum Image von U2 würde auch das gut passen.

„Als wir mit dem Musikmachen anfingen", erinnerte sich Bono 1987, „waren Showkapellen die einzigen Bands, die in Irland Geld

mit ihren Konzerten verdienten. Und weil zuvor lange Zeit in Irland nur das irische Fernsehprogramm zu sehen war und dort eben keine Auftritte von britischen Bands wie Gerry & The Pacemakers oder den Beatles gezeigt wurden, glaubten viele Iren wahrscheinlich, diese Show-Typen in ihren roten Jäckchen und mit ihren wie aufgemalt wirkenden Grinsevisagen seien Gerry & The Pacemakers oder die Beatles. Gegen diese verlogene Tradition wollten wir aufbegehren. Aber eigentlich war der Zorn, den wir damals in uns spürten, unberechtigt. Denn nirgendwo sonst auf der Welt hat Live-Musik einen ähnlich hohen Stellenwert wie in Irland. Prozentual auf die Bevölkerung umgerechnet, gehen in Irland mehr Menschen als sonstwo zu Konzerten und spielen mehr Leute ein Instrument. Und nur vor diesem Hintergrund war es uns überhaupt möglich, uns als Band durchzusetzen – und heute mit unserer Musik Geld zu verdienen."

An Engagement fehlte es sicher nicht. „Bono, Edge und Adam", erinnerte sich Larry einmal, „suchten sich im Klassenzimmer einen ruhigen Tisch ganz hinten an der Wand, wo sie ungestört an neuen Songs arbeiten konnten."

Mit der Schule hatte es Bono schon früher nicht so genau genommen. Er wohnte im Norden Dublins, in der Cedarwood Road Nummer 10, in deren unmittelbarer Nachbarschaft noch in Bonos Jugendzeit eine gräßliche Hochhaussiedlung aus dem Boden gestampft wurde. Um in die Mount Temple School zu gelangen, konnte er zwischen einer relativ kurzen Fahrradfahrt und einer umständlichen Bustour von der Cedarwood Road in die Stadtmitte und von dort wieder in den Außenbezirk, in dem die Schule lag, wählen. Bono: „Im Winter nahm ich gerne die beiden Busse – vor allem, weil mich der erste in die City brachte… Als ich 13 Jahre alt war, zog ich durch die Plattenläden der Innenstadt, während die anderen Kinder im Unterricht saßen."

In Dublin wird man an jeder Ecke daran erinnert, daß U2 aus dieser Stadt stammen. In Bewley's Café zum Beispiel, wo der junge Paul Hewson gerne seine Pause zwischen zwei Plattenläden verbrachte, hieß das Nebenzimmer schon Joshua Room, als das U2-Album *The Joshua Tree* noch in den Sternen stand – benannt wurde das Zimmer nach dem Gründer des Cafés, Joshua Bewley. Ein anderer Bezug, sogar ein „amtlicher": Der Laden Bonavox Hearing Aid, in dem schon damals Hörgeräte verkauft wurden, soll Paul Hewson als Inspiration für den Künstlernamen Bono Vox gedient haben.

Von den drei Clubs, auf deren Bühnen sich U2 die ersten Sporen verdienten, existieren zwei heute nicht mehr: Das Dandelion Green am südlichen Ende der Grafton

Street wurde abgerissen – dort steht heute ein Einkaufszentrum; und der McGonagles wurde Anfang 1991 geschlossen.

Im Baggott Inn, der noch verbleibenden Anlaufstelle für U2-Pilger, spielten U2 oft, meist als Vorgruppe – unter anderem für eine Band namens Art Of Phibes. „Häufig spielten sie hier als Anheizer, ohne daß jemand davon allzu große Notiz genommen hätte", erinnerte sich der Wirt vom Baggott Inn 1991 im Interview mit dem Journalisten Steve Turner an die alten Zeiten. „Aber als sie dann allmählich zu einer etwas bekannteren Band geworden waren und selbst als Hauptgruppe auftraten, war der Laden immer gerammelt voll."

Anfang 1978, als sie also noch als Anheizer aktiv waren, dachten Bono und die anderen – nach Feedback hieß ihre Gruppe gerade The Hype – über einen neuen Bandnamen nach. In ihrem Repertoire hatten sie Songs von den Stranglers und den Sex Pistols, von Peter Frampton, Thin Lizzy und Moody Blues. The Edge, Bono, Adam und Larry sollen sich damals schon halbwegs wacker geschlagen haben, nur der ältere Bruder von The Edge, der als zweiter Gitarrist zur Band gehörte, wirkte ziemlich überflüssig – und war es dann auch bald.

Im März 1978 nahmen die Jungs – unter dem neuen Gruppennamen U2 – an einem lokalen Talentwettbewerb teil, für dessen Sieger die Plattenfirma CBS als ersten Preis eine Probeaufnahme im Studio ausgesetzt hatte. 500 Pfund gab's obendrein. U2 gewannen den Wettbewerb am 17. März – aus einem Plattenvertrag mit CBS wurde dennoch nichts.

Am 25. Mai desselben Jahres sah ein gewisser Paul McGuinness die Band zum erstenmal live. Er gab dem Drängen des mit U2 befreundeten Musikjournalisten Bill Graham nach, doch unbedingt das Management der Gruppe zu übernehmen.

Mit Hilfe von McGuinness ging es nun allmählich etwas schneller aufwärts in Richtung professioneller Rockband. U2 waren allerdings längst nicht bei allen Jugendlichen in Dublin beliebt.

Mit Anhängern der Band The Stranglers gab es im September 1978 während eines Konzerts von Bono & Co im Vorprogramm der prominenten Kollegen sogar eine handgreifliche „Diskussion", und einige andere Punkrock-Fans störten sich daran, daß Bono schon damals gelegentlich durchschimmern ließ, daß ihn religiöse Themen interessierten.

Aber all das sorgte nur dafür, daß U2 in der Stadt im Gespräch blieben. Wie im Mai 1979, als im Musikmagazin HEAT ein Artikel über rüde Geschäftspraktiken, die Manager Paul McGuinness nachgesagt wurden, erschien. Das war für die Musiker und Freunde der Dubliner Band Black Catholics ein Grund mehr, U2-Konzerte lautstark zu stören und sich ab und zu auch mit den „protestantischen Bastarden" zu prügeln.

Wie auch immer: Im September 1979 erschien *U2: Three* – die drei Songs enthaltende EP war sozusagen als Lohn für den ersten Platz beim CBS-Talentwettbewerb produziert worden. Mit der Single *Another Day* spielten U2 etwa zur gleichen Zeit eine zweite Single für CBS Irland ein.Im Dezember trat die Band zum erstenmal in London auf, und als sie im Januar 1980 bei einer Umfrage von den Lesern der Dubliner Musikzeitschrift HOT PRESS gleich in fünf Kategorien auf Platz 1 gewählt wurden, horchte die Plattenindustrie – nachdem viele der Firmen U2 zuvor abgelehnt hatten – auf.

Die frühen U2 in Dublins Straßen (rechtes Foto von links): Larry, Bono, Adam, The Edge.

...larry :

Lawrence „Larry" Mullen Junior – geboren am 31. Oktober 1961 in Dublin – werkelt innerhalb der Band U2 meist im Hintergrund. Und das gleich in mehrfacher Hinsicht.

Im Rampenlicht stand er bisher eigentlich nur zweimal. 1990 hatte er großen Anteil an der Fußball-Hymne, mit der die irische Nationalmannschaft nach Italien zur WM zog. Und 1976 hatte er dafür gesorgt, daß sich Bono, The Edge, Adam und er zu einer gemeinsamen Gruppe zusammentaten – aber die Rolle des Bandleaders schien ihm nicht besonders wichtig zu sein: „Ich organisierte die erste Probe und hatte die Musiker zu mir bestellt", erzählte er in einem Interview. „Aber als nach zehn Minuten Bono zur Tür hereinkam, übernahm er eigentlich sofort die Regie. Und seither ist er der Kopf der Band." Probleme hat Larry Mullen, der als einziges U2-Mitglied Musikunterricht (Schlagzeug) genoß und eine Zeitlang für eine Marschkapelle trommelte, damit scheinbar nicht: „Mein Part ist vielleicht nicht so spektakulär, aber trotzdem ist er unverzichtbar für unsere Musik."

Wer will ihm da widersprechen? Mullen ist der Schlagzeuger von U2. Seine ersten Trommeln und Becken bekam er als Neunjähriger von seinen Eltern geschenkt – allerdings stammte dieses umgerechnet 25 Mark teure „Schlagzeug" aus der Billigproduktion einer Spielzeugfirma. Für den kleinen Larry war die Ausrüstung wohl fürs erste ausreichend. Und er drosch nach Kräften auf das Instrument ein, bis ihm sein Vater – beschäftigt bei einer Umweltschutzbehörde – empfahl, doch mal eine eigene Band zu gründen.

Was daraus wurde, wissen wir ja inzwischen.

...adam :

Adam Clayton – geboren am 13. März 1960 – ist der einzige gebürtige Engländer in der irischsten Band der Rockwelt: Claytons Vater kam als Ex-Pilot der Royal Air Force nach Dublin, um dort einen Job als Pilot bei British Airways anzutreten. Adam, der in einem Vorort von Oxford, im afrikanischen Tanganjika und vom vierten Lebensjahr an in Dublin aufwuchs, büchste als 16jähriger von zu Hause aus und trieb sich eine Zeitlang in Pakistan herum, wo er – so erzählte er später – „Hippy-Ideale und -Zubehör" zu schätzen lernte. Als er von dort zurückkehrte, meldeten ihn seine Eltern auf der Mount Temple School an. Bono: „Adam war wirklich ein Rebell. Der kam während der Unterrichtsstunde mit einem Becher ins Klassenzimmer, setzte sich seelenruhig hin und schlürfte seinen Kaffee."

„Ich spiele so lange Baß, bis ich berühmter bin als die Beatles", soll er einmal zu seinen Eltern gesagt haben. Doch als U2 in den 80er Jahren tatsächlich zur erfolgreichen Rockband aufstiegen, hatte Adam von allen Gruppenmitgliedern die größten Probleme, den frühen Ruhm zu verkraften. „Ich glaube", sagte er 1987, „daß ich in den Anfangszeiten der Band ein bißchen durcheinander war. Und ich fühlte mich unglücklich, weil ich nicht recht wußte, was um mich herum eigentlich vorging. Nachtclubs, schicke Klamotten, klickende Fotoapparate – all das war aufregend für mich. Heute besuche ich solche Clubs nur noch, wenn ich mit jemandem ausgehen will – nicht, weil es angesagt ist, in diesem oder jenem Club gesehen zu werden." Da konnte er sich über diese Zeit schon längst wieder lustig machen: „Der Song *Party Girl*, den Bono gestern abend anstimmte, war auf mich gemünzt. Schließlich bin ich der einzige in der Band, der regelmäßig nachts in irgendwelchen obskuren Kneipen versackt. Der Song war als eine Art Anstupser gemeint: ‚He, was hast du letzte Nacht getrieben?'"

Doch auch Adam Clayton wurde bald viel abgeklärter. „Das Interesse am Rummel um die eigene Person läßt mit der Zeit ganz von alleine nach. Inzwischen läßt mich dieser ganze Starrummel ziemlich kalt. Mir gefällt, was wir tun. Mir gefällt, was ich mit U2 erlebe. Mir gefällt die Musik, die ich mit U2 spiele – das ist die Befriedigung, die es mir verschafft, Mitglied dieser Band zu sein. Und durch all diese Erfahrungen bin ich heute soweit, daß ich auf die Bestätigung durch Leute von außerhalb leicht verzichten kann." Und: „Nach all den Jahren auf der Bühne möchte ich das Gefühl, daß der Baßklang in meinem Körper erzeugt, nicht missen. Dieses Kribbeln, das mir den Rücken rauf und runter kriecht. Ein sehr angenehmes Gefühl."

Wie froh die anderen drei Bandmitglieder waren, daß Adam noch rechtzeitig die Kurve kriegte, ließ Bono 1984 in einem Interview mit der Zeitschrift FACHBLATT durchblicken: „Ja, es gab Probleme. Aber ich liebe Adam, und er war auch Trauzeuge bei meiner Hochzeit. Dennoch hatten wir alle Angst, daß er uns mit diesem Rock'n'Roll-Virus infiziert – und ich persönlich fürchte mich vor dieser Krankheit. Regeln sind da, um gebrochen zu werden – auch die über das wilde Leben der Rockstars. In Amerika gibt es diesen Ausdruck ‚let's party'. Nach den Konzerten wurden wir mit dieser Aufforderung ständig bombadiert. Unsere Antwort: Das Konzert war unsere Party. Warum sollten wir da noch auf eine zweite gehen?"

Entsprechend groß dürfte der Schreck gewesen sein, der Bono und den anderen in die Glieder fuhr, als Adam 1989 doch wieder über die Stränge schlug: Erst wurde er wegen Alkohol am Steuer zu einer Geldstrafe verurteilt, dann wurde er mit Haschisch erwischt und mußte einem Frauenhaus umgerechnet rund 60 000 Mark spenden, um einer Gefängnisstrafe zu entgehen.

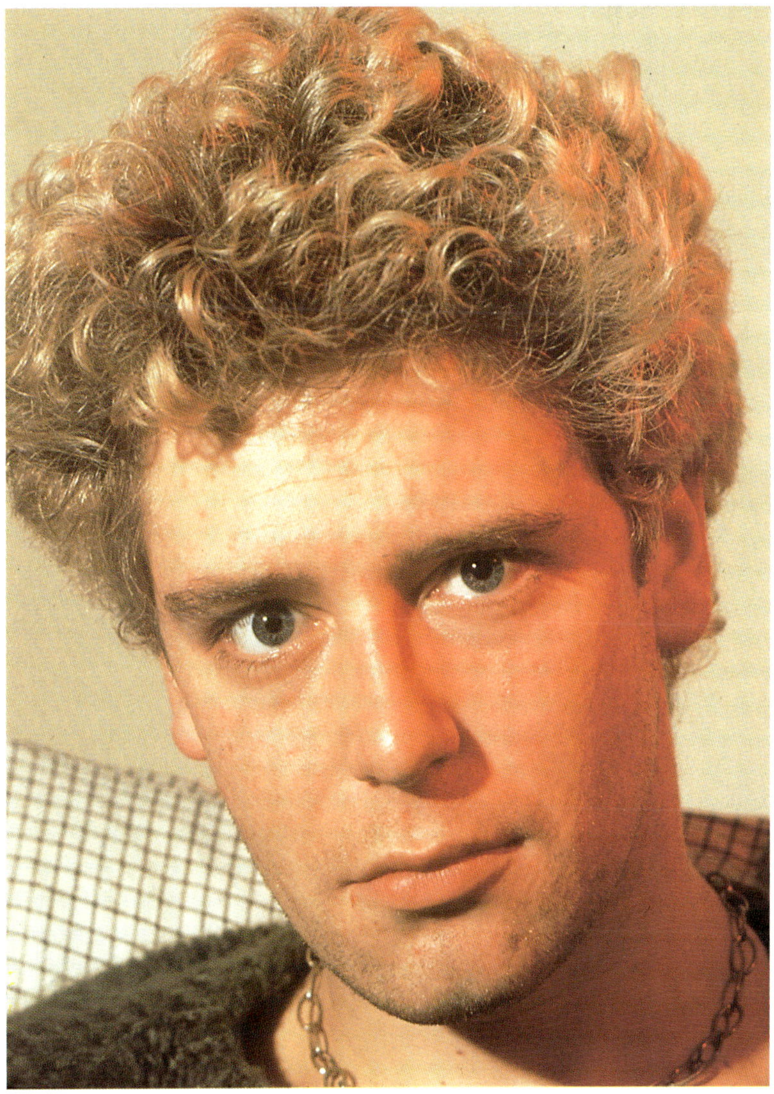

...edge:

Dave „The Edge" Evans – geboren am 8. August 1961 – kam in Barking als Sohn walisischer Eltern zur Welt, später zog die Familie nach Dublin. Im Juli 1983 heiratete er Aislinn O'Sullivan, die später die beiden Töchter Holly und Arrinn zur Welt brachte.

Auf der Gitarre spielte The Edge zum erstenmal, als er acht Jahre alt war – aber angeblich soll er mit ihr nur vor dem Spiegel posiert haben. Erst sieben Jahre später, so wird erzählt, lernte er, wie man eine Gitarre richtig stimmt.

The Edge prägte die Musik von U2 von Anfang an – und er tut das noch heute so nachhaltig, daß ihm inzwischen selbst begnadete Saitenakrobaten neidisch auf die Finger schauen. Worüber sich sogar Bono wundert. „Edge", verriet er dem NEW MUSICAL EXPRESS vor Jahren, „weiß meistens selbst nicht so genau, welche Töne zu den Akkorden gehören, die er spielt. Er spielt sie eben. Als unsere Platte auf den Markt kam, schrieb sich in der Zeitschrift VILLAGE VOICE ein Typ die Finger darüber wund, welche Bedeutung es wohl habe, daß in unserer Musik die Quintsext- und Nonenakkorde und was weiß ich für obskure Tonarten eine beherrschende Rolle spielen würden. Und der hat nicht mal gemerkt, daß wir eigentlich nur die Gitarre tiefer gestimmt hatten, damit ich den Song mit meiner Stimme in den Griff bekam..."

Zusammen bekommen Bono Vox und The Edge musikalisch seit Jahren praktisch alles in den Griff – während der Gitarrist für die Akkordfolge eines Titels sorgt, läßt sich Bono davon zu einer Melodie inspirieren. Für Larry und Adam bleibt da oft nicht viel mehr zu tun, als die in der Rohfassung fertigen Stücke mit Baß- und Schlagzeug-Parts auszufüllen.

Dennoch entwickelte The Edge mit der Zeit einigen Ehrgeiz, sich auch außerhalb der Gruppe als Songwriter zu beweisen. Also machte er sich Mitte der 80er Jahre – von übertriebener Bescheidenheit offenbar nicht allzu sehr geplagt – daran, namhafte Filmregisseure wie Roman Polanski und Stanley Kubrick zu fragen, ob er für sie Filmmusik schreiben dürfe. Doch das stellte sich als unerwartet schwierig heraus: „Ich mußte erfahren, daß diese Leute konsequenter von der Außenwelt abgeschottet werden als selbst Stars wie Madonna oder Prince. Du kommst wirklich nicht einmal in ihre Nähe! Daß ich irgendwann doch einmal einen Fuß in die Tür bekam, hatte ich David Puttnam zu verdanken. Ohnehin fand ich die englische Filmszene etwas offenherziger als die Szene in Hollywood. Dort fand ich das meiste ziemlich lächerlich. Als wir zum Beispiel wegen eines Engagements von Tarkovsky verhandeln wollten, kam zum Treffen mit uns nur der zweite Assistent von Tarkovskys Agent – und der verstand kein Wort von dem, was wir sagten, weil er ausschließlich Russisch sprach. Wir mußten einen Übersetzer besorgen."

Schließlich landete Edge bei dem Filmproduzenten Don Boyd, dem für einen Film mit dem Arbeitstitel „Captive" noch der Soundtrack fehlte. „Das ist ein Film über eine Entführung", erzählte Bono im Herbst 1986 in einem Interview mit der Zeitschrift NEW MUSICAL EXPRESS. „Eigentlich geht es um die Entführung von Patty Hearst: Es wird erzählt, wie ein gutsituiertes Mädchen von Typen gekidnappt wird, die aus einer anderen Gesellschaftsschicht und aus einem anderen Land stammen. Das Ganze ist ein sehr ambitioniertes Filmprojekt. Die Kameraführung ist sehr gut gelungen, die Schauspieler sind sehenswert – vor allem Oliver Reed glänzt in der Rolle des Vaters des entführten Mädchens."

The Edge schien mit sich selbst als Soundtrack-Komponist sehr zufrieden: „Dieser Auftrag hat den Songwriter in mir befriedigt. Ich fühle mich jetzt richtig erfrischt, um wieder an U2-Songs zu arbeiten. Und es ist durchaus möglich, daß diese neuen Songs genau das Gegenteil dessen sein werden, was ich für diesen Soundtrack komponiert habe – und daß die neuen Songs einer Filmmusik weniger ähnlich werden, als das für die früheren U2-Songs galt. Nur eines weiß ich schon: Es wird unser bisher bestes Album werden."

...bono:

Paul „Bono Vox" Hewson – geboren am 10. Mai 1960 in Dublin – wuchs als zweitältester Sohn eines katholischen Vaters und einer evangelischen Mutter auf. Eine explosive Mischung in einem Land, das auch durch religiöse Gegensätze geteilt ist. Bonos Mutter starb, als er 15 Jahre alt war. Im August 1982 heiratete er seine Jugendfreundin Alison, Trauzeuge war Adam Clayton. Alison brachte 1989 die gemeinsame Tochter Jordan zur Welt – am 29. Geburtstag von Bono. 1991 kam die zweite Tochter Eve zur Welt.

Im Bandgefüge von U2 hat Bono die Rolle des Sprachrohrs übernommen: Bono sagt zu allem etwas – und meistens sehr viel. Einige Beispiele?

Bono zum Reporter der Zeitschrift SKY im November 1988: „Ich bin sehr neugierig – und das erklärt vielleicht alles, was ich tue. Ich bin neugierig, was die musikalische Vergangenheit angeht – weil wir eine solche Tradition nicht haben. Ich bin neugierig, was Amerika angeht. Ich will die Dinge mit meinen eigenen Augen sehen. Ich will Erfahrungen, Informationen aus erster Hand. Ich fühle mich von Leuten angezogen, mit denen man seine Zeit besser nicht verbringen würde. Aber ich muß mich mit ihnen einfach mal zusammensetzen, um die Dinge richtig einschätzen zu können. Für unsere Fans gibt es dann zwei Möglichkeiten, sich ein Bild von denselben Dingen zu machen: Entweder sie sehen sie sich ebenfalls mit eigenen Augen an – oder sie sehen sie durch unsere Songs oder unseren Film und damit gewissermaßen durch unsere Augen."

Oder in einem anderen Interview: „Es gibt Leute, die es gerne sehen würden, daß ich aufstehe und sie in die richtige Richtung weise – und genau das werde ich nicht tun! Ich bin Sänger in einer Rock'n'Roll-Band. Es ist absurd, von mir zu erwarten, daß ich irgend etwas anderes tue. Das Vakuum, das die religiösen und politischen Führer hinterlassen, ist so groß, daß man zu Leuten wie Bob Geldof aufsieht, um von ihnen Anregungen zur Behebung des Welthungers zu bekommen; ist das nicht absurd? Ich bin noch immer Christ – und ich ärgere mich über das Milieu, in das mich die Leute stecken!"

Bono 1985 über das Leben als Rockstar: „Tja, wie ist das, ein Rockstar zu sein? Es gibt sicherlich andere, die diese Frage viel besser beantworten könnten. Ich bin eher so eine Art Teilzeit-Rock'n'Roll-Star. Wir sind vielleicht die schlechtesten Rock'n'Roll-Stars aller Zeiten – wir sind in absolut jeder Hinsicht falsch ausgerüstet für diesen Job..."

Drei Jahre später: „Eigentlich bin ich ein ganz normaler Mensch mit guten und schlechten Seiten. Natürlich hoffe ich, nach außen ein gutes Image zu haben. Der Grund, warum ich mich von Leuten wie Ghandi oder Christus angezogen fühle, ist der, daß ich selbst kein Pazifist bin. Ich bin auch nicht der Typ, der jemandem die andere Wange hinhält."

Und: „Ich bin in gewisser Hinsicht total abhängig von Musik: Ich benutze das Schreiben von Melodien oder Texten, um zu mir selbst zu finden. Wir alle versuchen herauszufinden, wer wir sind – und für mich ist die Musik das beste Mittel, das zu schaffen."

1988: „Als Künstler interessiere ich mich natürlich für die noble Wohnung im Penthouse ebenso wie für die Gefühle der Leute auf der Straße. Aber im Moment, das muß ich zugeben, gibt es in meinem Leben mehr Penthouse als Straße."

Im selben Jahr zum selben Thema: „Ich bin nicht der Prototyp eines Rock'n'Roll-Stars. Seht euch diese Hände an, es sind die Hände eines Arbeiters, eines Mannes, der Steine trägt."

Bono zum Thema Erfolg: „Die Antwort gebe ich euch mit einer Geschichte. Wenn ich in London oder New York erkannt werde, raunen die Leute: ‚He, da ist Bono.' Die anderen daraufhin: ‚Oh, ja!' Werde ich in Irland erkannt, sagen die einen: ‚He, da ist Bono.' Die anderen daraufhin: ‚Na und?' Ich weiß, daß Erfolg gefährlich sein kann. Der Rock'n' Roll-Zirkus wird von einem Haufen verdorbener Kinder inszeniert, das stimmt schon. Aber ich habe immer noch Kontakt zu meinen alten Freunden und versuche auch mit ihrer Hilfe, den Versuchungen dieses offenbar üblichen Lebensstils von Rockstars aus dem Weg zu gehen."

Bono zum Thema Freundschaft: „Auf der ganzen Welt gibt es vielleicht gerade mal zehn Leute, die mich zum Lachen bringen können. Zu ihnen gehört Chrissie Hynde von den Pretenders. Sie lockt mich aus der Reserve, und es tut sehr gut, so jemanden um sich zu haben."

Bono zu seiner Abneigung gegen Drogen: „Natürlich habe ich einige Drogen ausprobiert, aber letztendlich halte ich Drogen für eine Flucht. Es gibt zwei Wege, um an einem Berg vorbeizukommen. Entweder man klettert über den Berg – oder man geht drumherum. Der kürzeste Weg ist zwar der schwerste, aber den würde ich wählen. Ich bin mit voller Absicht ein Realist. Wenn ich Blümchen an der Wand sehen will, klebe ich mir eine Blümchentapete dran. So einfach ist das! Außerdem: Harte Drogen machen auch blöd. Ich habe das selbst erlebt. Es gibt so viele drogenverseuchte Popstars, die taub und blind durch die Gegend laufen und alles nur noch ‚langweilig' finden - Interviews, Aufnahmesessions, Leute. Langeweile aber ist ein Irrweg. Alte Leute liegen wochenlang tot in ihrer Wohnung, weil keiner sie besucht – Langeweile und Desinteresse. Die IRA dreht 14jährigen Kokain an – Langeweile. Dublin, Köln, Hamburg - ein einziger Dschungel, in dem Menschen krepieren und emotional verkümmern – aus Langeweile. Gut, vielleicht bin ich mitschuldig an all dem Elend, weil ich nicht viel mehr tue, als eben nur Sänger in einer Rockband zu sein. Aber jeder muß seinen Weg finden und das tun, wozu er am besten geeignet ist. Als Krankenpfleger, Arzt oder sonstwas wäre ich bestimmt eine totale Niete. Eines aber weiß ich: Der Mensch ist niemals glücklicher als in dem Moment, in dem er sich um andere Menschen kümmert. Wer gegen das universelle Gesetz der Nächstenliebe verstößt, ist ein Verstoßener. Ob Popmusik vor diesem gedanklichen Hintergrund nützlich oder nutzlos ist, muß man eben für sich herausfinden."

Bono im Mai 1987 im Interview mit ME SOUNDS, auf seine persönliche Krise Anfang der 80er Jahre angesprochen, die mit einer handfesten Krise innerhalb der Band zusammenfiel: „Zu dieser Zeit führte ich ein sehr extremes Leben. Ich verbrachte die meiste Zeit damit, in der Bibel zu lesen, den Koran und andere religiöse Lehren zu studieren. Ich hätte mir durchaus vorstellen können, auf der Straße zu predigen. Edge war mit mir einer Meinung: Rock'n'Roll ist ein eitles Geschäft. Es ekelte mich irgendwie an, in dieser Branche zu sein. Stell dir vor: Man fotografiert dich – was für ein eitler Quatsch! Eine Hälfte meiner Persönlichkeit liebte solche Prozeduren, wurde gern fotografiert, ging gern auf die Bühne – die andere Hälfte fühlte sich deswegen total schuldbeladen. Aber diesen Zwiespalt habe ich inzwischen überwunden. Keine Schuldgefühle mehr! Das ist es, was ich tue, und damit basta! Jeder muß herausfinden, was er wofür tut. Sei es die Mutter, der Arbeiter in der Fabrik, der Lehrer in der Schule... Was immer man tut – falls man begriffen hat, warum – sollte man so gut tun, wie man es eben nur tun kann."

Bono im Interview mit dem Magazin FACHBLATT zur Altstadtsanierung in Dublin im besonderen und zur Schlechtigkeit der Welt im allgemeinen: „Die LP *October* enthält den Song *Rejoice* – das Stück handelt von der Zerstörung alter Gebäude im Herzen von Dublin. Die Leute, die dort ursprünglich wohnten, hat man wie Fliegenscheiße weggewischt, an den Rand der Stadt umgesiedelt, an die Peripherie verpflanzt... wie Zigeuner. In diesem Song gibt es folgende Zeile: ‚It's falling, it's falling and outside a building comes tumbling down and inside a child on the ground says: I do it again.' Das heißt doch nur soviel wie: Die politischen Zyniker können machen, was sie wollen, aber die menschliche Würde können sie nicht zerstören. Eine andere Zeile, und damit wären wir mal wieder bei den Beatles, lautet: ‚I can't change the world, but I can change the world in me.' Viele Leute, die etwas verändern wollen, weigern sich strikt, mit der Veränderung bei sich selbst zu beginnen. In uns allen existiert eine Veranlagung zum Bösen. Ich weiß von mir, daß ich dazu fähig wäre, eine Frau zu vergewaltigen, daß ich Brandbomben werfen, daß ich dir ins Gesicht schlagen könnte – genau darum gehe ich auch nicht mit erhobenem

Marshall

Zeigefinger auf die Bühne und missioniere das Publikum. Ich sage, wir sollten uns besser ändern, nicht: Ändert euch gefälligst, ihr Arschgeigen! Ich meine mit diesen Veränderungen auch nicht unbedingt eine politische, sondern erst einmal eine emotionale Revolution. Ich benutze die Bühne nicht als Rednerpult, von dem aus ich geistige Gewalt ausübe. Musik ist für mich eine heilende Kraft. Sie hat eine kathartische Wirkung."

Bono zu seinen Reisen durch Äthiopien, El Salvador und Nicaragua Mitte der 80er Jahre: „Als wir *War* veröffentlichten", erzählte er dem Magazin ME/SOUNDS einmal, „war hierzulande die New-Romantic-Sache in vollem Gange. Rock'n'Roll war unheimlich hübsch. *War* lief dieser Bewegung völlig entgegen. Wir machten diesen bis auf die Knochen nackten Sound, diese von John Lennon inspirierten, direkten Texte. *Sunday Bloody Sunday* und all das. Damals glaubte ich auch, daß Musik soziale Veränderung bewirken kann, obwohl dies vielleicht nur der Versuch war, meine eigenen Schuldgefühle zu beruhigen. Wer weiß das schon? Egal: Nichtsdestotrotz hatte ich mit Live Aid zu tun. Und ich hatte prompt mit den üblichen Vorurteilen zu kämpfen: ‚Gähn – Rock'n'Roll kann die Welt nicht verändern.' Ich führte darüber lange und heftige Diskussionen mit Bob Geldof. Er sagte: ‚Popmusik ist ein kleines schwarzes Ding mit einem Loch in der Mitte. Es macht Spaß, aber es ist doch nur Popmusik...' Viele Musiker, die ich hier gar nicht nennen sollte, vertraten und vertreten eine ähnliche Auffassung. Und Bob Geldof? Seine Idee und Realisierung von Live Aid hat dann letztendlich so viele Menschenleben gerettet. Das muß ihn nachträglich ganz schön durcheinandergebracht haben. Nun, langer Rede kurzer Sinn, ich fühlte mich in vielerlei Hinsicht dieser Band-Aid- und Live-Aid-Idee verpflichtet, und ich wollte diese Verpflichtung auch körperlich umsetzen. Deswegen ging ich mit Alli *(seine Frau Alison – Anm.d.Autors)* nach Äthiopien. Unser Besuch wurde für

ziemlich lange Zeit geheimgehalten. Ich habe mich erst hinterher entschließen können, darüber zu reden, denn ich wollte das in keiner Weise als Promotion ausgenutzt sehen. Ursprünglich sollten und wollten wir Kornsäcke stemmen, Hintern abputzen und Ähnliches. Aber es stellte sich heraus, daß ich an einer anderen Stelle viel nützlicher war: Ich schrieb eine Art Lernprogramm über Ackerbau, Gesundheit und Hygiene. Zusammen mit Alli schrieb ich Einakter und Songs, die wir den Kindern und Erwachsenen im Lager vorsangen und -spielten. Die Einakter handelten zum Beispiel von der Nützlichkeit einiger Pflanzen. Die Leute dort bekommen aus Europa Tomaten-, Karotten- und Blumenkohlsamen, wissen aber gar nicht, was das eigentlich ist. Die haben noch nie in ihrem Leben eine Möhre gesehen, geschweige denn gegessen. Ein anderer Sketch hieß ‚The Labour Play' – er handelte von einer Geburt. Das Ganze war als Pantomime aufgezogen, und wir setzten die Lagerbewohner für die Sketche als Mitspieler ein. Das Mädchen, das die Schwangere spielte, drückte und mimte die Wehen. Es ging in diesem Einakter darum, das Abnabeln und Stoppen von Blutungen zu verändern. Man benutzt dort Kuhmist, um die Blutungen nach der Geburt zum Stillstand zu bringen. Dadurch werden Mutter und Neugeborenes infiziert – und sterben."

Noch eine Anekdote: „Der Song *Bullet The Blue Sky* handelt von meinen Erlebnissen in El Salvador und Nicaragua. Einmal hielt ich mich 40 Meilen außerhalb von San Salvador in den Bergen auf, eine Gegend, die von den Rebellen kontrolliert wurde und ständig unter Beschuß lag. Ich war in Begleitung eines Bauern, der mir die Gegend zeigte, als sie anfingen, ein Dorf zu bombadieren. Ich habe mir fast in die Hose gemacht. Ich wollte nur weglaufen, aber wohin? Wohin läuft man, wenn überall die Kugeln und Granaten einschlagen? Ich schaute den Bauern an: Was passiert hier? Was tun wir jetzt? Und er erklärte mir seelenruhig: ‚Reg dich nicht auf, wir sind hier, das ist auf der anderen Straßenseite. Kein Grund, sich aufzuregen!‘ Und angesichts seines Mutes fühlte ich mich doppelt feige, dumm, lächerlich. Diese Leute sind einfach unglaublich: Sie pflanzen ihr Saatgut in die Krater. Der Krieg pflügt ihr Land. Ich versuchte, einen Song über Angst zu schreiben – mit der Haltung eines alten Bluesmannes. Das jedoch als elektrischer, acidgeschwängerter Blues im Stile von ‚Apocalypse Now‘. Primitive Bilder aus der Bibel.“

Und als letztes Beispiel Bono – womöglich sogar ernst gemeint – zum Thema Bono: „Ich warne dich! An manchen Tagen bin ich ganz und gar unfähig, mich in einigermaßen verständlichen Sätzen auszudrücken. Dann fällt es mir sogar schwer, drei Worte in eine vernünftige Reihenfolge zu bringen. In meinem Fall ist das doppelt schlimm. Weil ich nämlich oft ziemlich viel rede, meinen die Leute, ich bin ein Typ, der ständig nur so vor druckreifen Sätzen sprühen müßte. Zur Zeit zum Beispiel habe ich das Gefühl, als würde es ständig weniger, was ich meinen Mitmenschen zu sagen hätte. Dreieinhalb Minuten müssen genug sein für ein Statement. Ich weiß jetzt, daß man als Sänger nicht permanent versuchen darf, sich selbst zu erklären.“

„Ich habe mit der Zeit viel über Bonos Persönlichkeit gelernt“, sagte Edge 1985 in einem Interview über seinen Bandkollegen. „Früher wurde ich immer wieder ziemlich wütend wegen seiner Bühneneinlagen. Da war irgend etwas, was mich daran störte – und ich konnte nie genau sagen, worum es sich dabei handelte. Mir fiel auch auf, daß sich Bono, wenn er eine Geschichte erzählte, nie an die Fakten hielt. Er schmückte immer alles aus, malte alles in grellen Farben, bis am Ende eine Riesengeschichte draus geworden war. Bis zwar der Kern seiner Geschichte noch stimmte, aber die Details mit der ursprünglichen Story nicht mehr viel zu tun hatten. Das störte mich lange Zeit. Aber inzwischen habe ich erkannt, daß die Fakten nicht das Wichtigste einer Geschichte sind. Es ist wichtig, ob die Geschichte gut ist oder nicht – und solange sie im Kern der Wahrheit entspricht, geht all dieses Ausschmücken in Ordnung. Und dementsprechend bewertete ich dann auch Bonos Verhalten auf der Bühne neu – und seither fühle ich mich sehr viel wohler, wenn ich ihn im Konzert beobachte. Bono ist sehr auf die Wirkung seiner Bühnenshow bedacht – und das meine ich jetzt gar nicht irgendwie ironisch. Er arbeitet nicht bewußt an seinem Auftreten, aber mit einem sicheren Gespür für die Leute entwickelt er sich in dieser Hinsicht ständig weiter. Bono hat die Fähigkeiten, so zu Menschen zu sprechen, daß sie verstehen, was er meint – ob das nun Italiener, Holländer, Deutsche oder Amerikaner sind. Das finde ich bemerkenswert.“

Da hat The Edge sicherlich recht – auch wenn sich Bono selbst in der Rolle des Gruppensprechers und des Idols für Massen oft nicht recht wohl fühlt. „Ich bin nie ausgezogen“, sagte er 1987, „um die Welt zu verändern – nur, um meine eigene Welt zu verändern. Rock'n'Roll ist ein Geräusch, das mich aufgeweckt hat. Und wenn es außer mir noch andere aufweckt, kann es mir nur recht sein.“ Ein Jahr später: „Jedes verdammte Wort von mir wird sofort zum Statement, zur Aussage von gewaltiger Bedeutung. Ich könnte auf die Bühne kommen, meine Hosen öffnen und in die Ecke pinkeln – die Leute würden auch darin noch einen tieferen Sinn finden.“

Immerhin kann er darauf vertrauen, daß gerade in seiner Heimat Irland viele Leute herzlich wenig Aufhebens um Berühmtheiten jeder Art machen. „Weißt du, in Irland legt man gegenüber dem Erfolg und den Erfolgreichen eine sehr gesunde Respektlosigkeit an den Tag. Ein Beispiel: In Amerika sieht man zu dem Haus auf dem Hügel hinauf und sagt: ‚Eines Tages werde auch ich da oben leben.‘ In Irland hingegen schaut man da hinauf und sagt: ‚Eines Tages bist du Bastard auch wieder hier unten...‘“

...band:

„Mit dieser Band", sagte The Edge 1984, „verhält es sich folgendermaßen: Wir waren schon vor ihrer Gründung miteinander befreundet. Diese Freundschaften bestehen noch heute – und das ist wirklich wichtig für die Gruppe U2. Die Musiker vieler anderer Bands entwickeln sich ziemlich schnell auseinander und denken über Solokarrieren nach und über ihr persönliches Image und ihre Bedeutung für die Gruppe. Dadurch kommt es dann zu Differenzen zwischen den Leuten – und am Ende stehen möglicherweise alle mit leeren Händen da. Eine richtige Band ist meiner Meinung nach in gewisser Weise eine Familie – eine Einheit aus mehr als nur beruflichen Gründen. Das Menschliche innerhalb einer Band muß stimmen. Ich glaube, meine besten Freunde sind immer noch die anderen Bandmitglieder. Allerdings muß ich zugeben, daß das auch zum Problem werden kann: Wenn du mit Freunden arbeitest, kann durch berufliche Differenzen natürlich auch eine alte Freundschaft zerbrechen. Jeder von uns hat ein paar ziemlich häßliche Eigenschaften. Lawrence etwa kann furchtbar halsstarrig sein, auch Bono kann sich manchmal ziemlich ekelhaft aufführen. Wahrscheinlich besitzt jeder Mensch solche Eigenschaften – nur fallen sie einem erst auf, wenn man über lange Zeit hinweg mit jemandem auf sehr engem Raum zusammenlebt. Und das ist während einer Tournee oder während der Produktion einer Platte eben der Fall. Aber dafür lernt man dadurch mit der Zeit auch, mit solchen Eigenschaften umzugehen und die daraus möglicherweise entstehenden Probleme gleich von vornherein zu vermeiden."

„1987" erklärte The Edge: „Es gibt innerhalb der Band keine strikte Aufgabenverteilung. Logischerweise spielt Larry das Schlagzeug, Adam den Baß – aber es passierte während der letzten Produktion durchaus, daß Eno oder Daniel Lanois Keyboard oder Gitarre spielten. Jeder spielte mal etwas und setzte sich dann auch wieder mal hin und hörte zu, was die anderen spielten. Ganz automatisch werden die Produzenten während einer Plattenaufnahme zu einem festen Bestandteil der Band."

So harmonisch und versöhnlich das alles klingt – es gab nicht nur eitel Sonnenschein. Am Bandgefüge rüttelte wohl vor allem die Rolle Bonos als Aushängeschild und Sprachrohr von U2. Doch was unter Außenstehenden immer wieder den Eindruck erweckte, Bono stehe kurz vor Beginn einer Solokarriere, schien die Musiker selbst weniger zu belasten. The Edge 1984 in einem Interview mit der Zeitschrift MELODY MAKER: „Natürlich hat es bei uns schon dieselben Auseinandersetzungen über die Bedeutung jedes einzelnen für die Band gegeben wie überall. Aber jeder von uns erkennt immerhin an, daß Egozentrik kein besonders positiver Charakterzug des Menschen ist, und hält sich in dieser Hinsicht zurück, soweit er kann... Nimm The Who zum Beispiel – der klassische Fall: Die Burschen gingen ja sogar auf der Bühne noch aufeinander los. So etwas hat es bei uns jedenfalls noch nicht gegeben."

Vielleicht konnten die anderen dieses Thema auch deshalb so gelassen sehen, weil Bono sehr wohl wußte, was er an der Band U2 hatte. „Ich traf", erzählte er 1985, „vor einigen Monaten Elvis Costello, und er sagte zu mir: ‚Ich habe ziemlich zwiespältige Gefühle im Hinblick auf U2. Ich liebe diese Band, und ich hasse sie. Ihr vollführt einen Drahtseilakt, an den sich derzeit keine andere Band herangewagt. Und immer, wenn ihr eine Zeitlang oben geblieben seid, verneige ich mich in Gedanken vor euch – aber ihr fallt so oft runter.' Und das, finde ich, trifft den Punkt: Von dem, was wir versuchen, geht so vieles schief – etwa, wenn ich auf der Bühne etwas Neues ausprobiere. Aber wir halten uns dann immer an die Hoffnung, daß es ja ebensogut hätte funktionieren können – und daß es irgendwann schon noch funktionieren wird."

Und drei Jahre später sagte er zum Magazin SKY: „Was wir wollen? Es ist die alte Geschichte: Wir wollen alles – und wir wollen es sofort. Mit einer Band verhält es sich meistens so, daß ihr kein Berg zu hoch erscheint, um ihn nicht mit vereinten Kräften erklimmen zu können. Aber es kann passieren, daß du schließlich auf einem Gipfel stehst, dich umschaust – und feststellst, daß du deine ganze Power für den falschen Berg verschwendet hast. Pete Townshend von The Who sagte mir in unseren Anfangszeiten einmal, daß wir auf viele Seitenwege stoßen würden, daß wir sie aber auf keinen Fall einschlagen dürften.. Wir sollten uns, sagte er, unbedingt das Tollste bewahren, das es in der Musik gebe: einer richtigen Band anzugehören."

Dennoch gab Bono in einem Interview 1987 auch zu: „Zu der Zeit, als die Alben *October* und *War* veröffentlicht wurden, waren

wir uns nicht mehr ganz sicher, ob wir wirklich in einer gemeinsamen Band spielen wollten. Ich fand damals, Rock'n'Roll sei eine völlig unsinnige Geschichte – und ich hatte nicht das Gefühl, daß irgendwo in diesem Rock'n'Roll-Zirkus meine Vorstellungen von spirituellen Botschaften einen passenden Platz finden könnten. Ich fühlte mich wie ein Fisch auf dem Trockenen. Aber seither habe ich begriffen, daß viele der Künstler, die mich inspiriert haben, in einer ähnlichen Situation waren – Bob Dylan, Van Morrison, Patti Smith, Al Green, Marvin Gaye. Ihre Songs hatten immer drei Seiten: die sexuelle, die spirituelle und die politische. Und auf unsere Art gestalten wir unsere Songs ähnlich dreidimensional. Diese Erkenntnis hat es mir leichtgemacht, dabeizubleiben. Wir haben die Band damals im Grunde genommen aufgelöst und haben dann unter demselben Namen mit denselben Musikern eine neue Band gegründet."

Adam, 1987: „Während der ersten Jahre waren U2 wie eine Bande von Burschen, die sich ständig gegenseitig bekämpfen. Ich glaube, wir hatten damals sehr viel Konkurrenzdenken und Unsicherheit in uns. Viele Bands veröffentlichen drei Platten und verschwinden dann wieder in der Versenkung. Daß uns das nicht passiert ist, hat sicherlich mit der Tatsache zu tun, daß wir eine wirkliche Band sind. Wenn vier Leute ihre Entscheidungen gemeinsam treffen, mag es länger dauern, bis endlich eine getroffen ist – aber die hat Hand und Fuß."

1989 sagte Bono zum Reporter des Magazins Rolling Stone: „Ich würde lügen, wenn ich behaupten würde, mit U2 wäre alles in bester Ordnung. Um genau zu sein: Nichts ist in Ordnung. Selbst über U2 zu reden, fällt mir schwer – ich weiß nicht mehr, was ich zu diesem Thema jetzt noch sagen könnte. Das ist auch der Grund, warum wir zur Zeit nicht sehr viele Interviews geben." Und Ende Dezember 1989 schockierte er die Fans während eines Konzerts im Point Depot in Dublins Docklands: „Wir sind nun zehn Jahre lang zusammengewesen, und es hat uns Spaß gemacht. Wir möchten allen unter euch, die von Anfang an an uns geglaubt haben, herzlich danken. Aber wir werden jetzt wohl eine Zeitlang von der Bildfläche verschwinden müssen." Später ergänzte er in einem Interview: „So können wir nicht mehr weitermachen."

Manager Paul McGuinness schien seine Pappenheimer allerdings sehr genau zu kennen. Schon 1987 hatte er gelassen abgewunken: „Nichts würde mich weniger überraschen als U2, wie sie als 50jährige ein neues Album aufnehmen. Ich meine: Was fängt man denn mit seiner Zeit an als Ex-Mitglied einer Rock'n'Roll-Band?"

Das Wir-Gefühl einer eingeschworenen Rockband verarbeiteten U2 auch einmal in einem ihrer Songs. Bono: „*Desire* handelt unter anderem von Ehrgeiz – von dem Ehrgeiz, einer Band anzugehören. Du schließt dich im Grunde nicht einer Band an, um die Welt vor irgend etwas zu retten. Du tust das, um deinen eigenen Arsch zu retten und irgendwie von der Straße wegzukommen. Weil du lieber vor einer riesigen Menschenmenge spielen möchtest, als selbst ein Teil von ihr zu sein. Das alles wollte ich mal in einem Song bekennen, denn die Fans schauen zu uns auf – und sie sollten doch irgendwann die wahren Motive erfahren, die einen dazu bringen, eine Band zu gründen. Wir waren gelangweilt von der Schule. Wir hatten keine Lust, uns in irgendeiner Fabrik ans Fließband zu stellen oder in irgendeiner Amtsstube am Schreibtisch zu sitzen. Wir wollten nicht Lehrer werden oder uns für die Armee verpflichten. Wenn man es genau bedenkt: Immer schließen sich die Leute aus den falschen Gründen zu einer Band zusammen."

Bono, The Edge, Larry und Adam war es immer wichtig, die Mitglieder ihrer Tournee- und Management-Crew als Teil der Band-Clique herauszustellen. Einem langjährigen Roadie der Band, Greg Carroll, einem Maori (Ureinwohner Neuseelands – Anm.d.Autors), der in Irland durch einen Motorradunfall ums Leben gekommen war, widmeten U2 die LP *The Joshua Tree* und insbesondere den Song *One Tree Hill*. Adam: „Dieser Unfall zeigte mir, daß es wichtigere Dinge gibt als Rock'n'Roll – zum Beispiel die Tatsache, daß keiner weiß, wieviel Zeit ihm in seinem Leben für seine Familie, seine Freunde bleiben wird." Und Bono fügte hinzu: „Wir hatten

Greg in Auckland kennengelernt. Diese Stadt wurde auf fünf Hügel gebaut, die früher mal Vulkankegel waren. Und der größte dieser Hügel ist der One Tree Hill. In meiner ersten Nacht in Neuseeland hatte mich Greg mit auf diesen One Tree Hill genommen... Gregs Beerdigung war unglaublich. Er wurde in der Heimat seines Maori-Stammes begraben, geehrt von den Häuptlingen und Ältesten der Gemeinschaft. Drei Tage und drei Nächte lang blieben alle wach."

Als Band formten die vier Iren auch ihr Image: immer ernst, immer gedankenschwer, immer sozial und politisch engagiert. „Die Leute bürden mir und U2 zuviel Verantwortung auf", klagte Bono 1988 vor allem wegen des letzten Punkts. Und: „Wir sind nicht der große böse Wolf, für den uns viele Leute halten – oder zu dem uns viele machen wollen. Wir sind manchmal wie ein Fisch auf dem Trockenen und fühlen uns dann ein bißchen hilflos. Ich glaube an Gott und an die Musik – und dieser Glaube läßt mich manchen Leuten naiv und nicht allzu clever erscheinen. Wahrscheinlich reagiere ich deshalb manchmal etwas zu schroff und bin nicht leicht zu nehmen."

Den anderen Eigenschaften, die ihnen nachgesagt wurden, wollte Bono allerdings nicht widersprechen: „Einer der Gründe, warum wir auf Fotos nicht lächeln und ständig in schwarzer Kleidung zu sehen sind, ist der, daß wir uns für solche Sessions nicht gerne mit knalligblauen oder roten Klamotten zum Affen machen wollen." Aber: „Ich traf eines Nachts Francis Ford Coppola in einer Bar", erzählte Bono 1988. „Nun ist der Mann Filmregisseur, und die Hauptfiguren seiner Filme sind nicht gerade die Marx-Brothers. Er ist einfach an ernsteren Themen interessiert – aber das muß doch noch lange nicht heißen, daß er auch außerhalb des Filmstudios ständig mit einem Gesicht wie sieben Tage Regenwetter herumläuft. Und ebensowenig muß ich ständig sauertöpfisch dreinschauen, nur weil ich auf der Bühne *Sunday Bloody Sunday* singe."

Worauf Bono in jedem Fall Wert legt: „Immerhin wollen wir doch eine laute Rockband sein. Wenn wir eines Tages auf die Bühne kämen und die Leute würden alle nur noch ‚Om' singen oder den Rosenkranz beten, wäre das schon ganz schön schrecklich."

Adam läßt dieses ganze Hin und Her um das Image ziemlich kalt. „Uns wurde schon früh klar", sagte er einmal, „daß, wenn wir uns nicht selbst um unsere Wirkung auf die Fans kümmern würden, einer Manipulation von uns in dieser Hinsicht Tür und Tor geöffnet wäre. Und das wäre für uns doppelt schlimm – denn es war uns schon immer wichtig, das Augenmerk darauf zu richten, woher wir kommen und wohin wir gehen. Die Leute kennen uns natürlich nicht so genau, wie wir selbst uns kennen. Und deshalb sind wir natürlich besser als jeder Fotograf oder Bildredakteur dafür geeignet, zu entscheiden, welche Bilder von uns abgedruckt werden sollten und welche nicht. Und du hast in dieser Hinsicht immer die Machtfülle, die du bereit bist, in Anspruch zu nehmen. Du verhandelst mit Menschen, und wenn du jemandem seinen Job erleichtern kannst, indem du ihm hier und da einen kleinen Fingerzeig gibst, solltest du das tun."

Und 1987 antwortete Bono der Zeitschrift ME/SOUNDS auf die Frage, ob er noch in 20 Jahren auf der Bühne stehen werde: „Noch vor kurzem hätte ich gesagt: Nein! Aber nachdem ich gesehen habe, wie die Falten aus Keith Richards Gesicht verschwinden, wenn er seine Gitarre auspackt, würde ich sagen: Kann sein... ja! Keith ist immer noch verliebt in das, was er tut. Und wenn ich das in 20 Jahren auch von mir noch sagen kann, dann werde ich Songs schreiben und sie singen."

Und damit ist in Bonos Fall eigentlich auch schon das Wichtigste zum Fortbestand der Gruppe U2 gesagt...

„Es ist nicht ungefährlich", sagte Bono 1984 zum NEW MUSICAL EXPRESS, „zum Sprachrohr einer Generation zu werden, wenn du nicht mehr zu sagen hast, als um Hilfe zu rufen. Und das ist alles, was wir mit unserer Musik tun. Wir kommen nicht daher und sagen: ‚He, Leute – alle herhören! Hier geht's lang, das ist unser Plan.' Wir fragen in jedem Song: ‚He, Leute – hat jemand von euch einen Plan?'"

...politik :

U2 gilt als eine der politischsten Bands der Rockszene überhaupt. Bono, The Edge, Larry und Adam stellen sich in Liedtexten und Aktionen gegen die Teilung Irlands auf und fordern die Aufhebung der alten politischen Kategorien „links" und „rechts", sie sind gegen Krieg und für Zivilcourage. Und sie machen sich damit seit jeher nicht nur Freunde – jahrelang hatte es den Anschein, als müsse Bono nach jeder Meinungsäußerung, nach jeder politisch eingefärbten Aktion, nach jeder Show-Einlage mit sozialkritischem Anstrich die Bandmitglieder durch seitenlange Erklärungen gegen allzu herbe Kritik verteidigen.

So wurde Bono zum Beispiel darauf angesprochen, daß die U2-LP *War* von einem auffallend militärischen Klang geprägt sei.

Dazu Bono: „Das entsprach meiner damaligen Stimmung. Ich glaube auch heute noch an das, was ich einen militanten Pazifismus nennen möchte. Martin Luther King zum Beispiel war kein passiver, sondern ein militanter Pazifist. Wenn du dich vor einer großen Menschenmenge artikulieren kannst, kann militanter Pazifismus auch bedeuten, daß du einfach singst: ‚Nie wieder Krieg!' Natürlich denkt das im Grunde jeder – aber du kannst es den Leuten immer wieder ein bißchen mehr bewußt machen. So weiß jeder, daß es zwischen Ronald Reagan und Mrs. Thatcher eine Allianz gibt, daß gerade Atomraketen nach Deutschland geschafft werden. Aber kaum jemand denkt darüber tatsächlich einmal nach und sagt sich morgens, wenn er aufsteht: ‚So – wieder ein Tag, der unser letzter sein könnte...'"

Oder der Song *MLK* – das Kürzel steht für den farbigen US-Bürgerrechtler Martin Luther King. Bono: „*Pride* sollte ursprünglich ein Song über Ronald Reagan werden. Mit ‚pride' war jener Stolz gemeint, der nicht nachgeben will, der Nuklearwaffen horten will. Aber irgendwie wollte das Stück keine Form annehmen – und da fiel mir der Rat ein, den mir mal ein kluger alter Mann gegeben hatte: Versuche nicht, Dunkelheit mit Licht zu bekämpfen – sondern versuche, die Helligkeit noch heller leuchten zu lassen. Und mir wurde klar: Ich gestand Ronald Reagan zuviel Bedeutung zu – und dann kam ich auf Martin Luther King als positives Gegenbeispiel."

Zum Titel der LP – *War*, Krieg – meinte Bono: „Ja – Krieg. Aber auf dem Cover ist das Gesicht eines Kindes zu sehen. Der Gegensatz von Titel und Bild reizte uns. *War* – das Bild mit dem Kindergesicht, der fragende, trotzige Blick: ‚Was soll das?' Nicht der Krieg mit Panzern und Raketen und Bomben war gemeint, sondern der alltägliche Krieg in uns. Die meisten U2-Songs handeln von diesem alltäglichen Kampf. Boy beschrieb die schmerzlichen Erfahrungen des Erwachsenwerdens. Andere Songs beschreiben den Alltag: Leute, die im Bus sitzen, Leute, die nach der Arbeit aus ihren Büros strömen. Warst du jemals um fünf Uhr auf der Madison Avenue? Das ist Krieg!"

Die Trennung Irlands beschäftigt U2 als irische Band natürlich ganz besonders. Bono: „Ich würde mir ein vereintes Irland wünschen. Und dann fragen mich irgendwelche Leute: ‚Wünschst du es dir so sehr, daß du dafür sterben würdest?‘ Und ich sage: ‚Ich wünsche es mir so sehr, daß ich dafür leben möchte.‘ Es gibt so viele Menschen, die anderen das Leben nehmen, um ihre Wünsche zu verwirklichen. ‚Entweder du bist meiner Meinung, oder ich jage dir eine Kugel durch den Kopf!‘ Nichts für mich. Zumal solche Leute die irischen Verhältnisse schwarzweißmalen – während in Wirklichkeit sehr vieles grau ist. Als Sohn eines Katholiken und einer Protestantin weiß ich sehr gut, wovon ich rede. Es gibt keine klaren Fronten in dieser Auseinandersetzung.“

Und genau das sorgte für Mißverständnisse. Frage des Reporters der Zeitschrift SOUNDS im November 1988: „Haben U2 Benefizkonzerte für die IRA gegeben?“ Bono: „Die Antwort ist definitiv: Nein! Es gibt keine Verbindung zwischen der IRA und U2. Wir sind gegen die IRA. Wir sind gegen alle, die Gewalt zur Verwirklichung ihrer Ziele einsetzen. Aber um da keinen Zweifel aufkommen zu lassen: Ich bin ebenso dagegen, daß die britische Armee in Ulster stationiert ist. Ich kann mir nicht vorstellen, daß die Soldaten wirklich gerne dort sind – und ich glaube nicht, daß es gut ist, daß sie sich dort aufhalten. Das Ganze ist eine sehr komplexe Situation, aus der es keine einfachen Auswege gibt. Aber wir sind gegen Gewalt, gleichgültig, wie, von wem und für welche Ziele sie eingesetzt wird. Irland ist nun mal eine kleine Insel außerhalb Europas. Und im Grunde ist es lächerlich, daß die britische Regierung diese Insel einfach so in zwei Teile zerbricht. Es war eine britische Regierung, die dieses Problem überhaupt erst geschaffen hat – und ich hoffe, daß sie eines Tages eine Lösung dafür findet. Aber ich weiß: Gewalt, wer immer sie auch einsetzt, kann keine Lösung sein!“

Ironie des Schicksals: Weil der U2-Sänger im Film „Rattle And Hum“ die Vorgehensweise der IRA kritisierte, setzte ihn die Terrororganisation kurz nach dem Kinostart des Streifens auf ihre Todesliste…

„Ich bin idealistisch, aber nicht verrückt“, hatte Bono zuvor gesagt. „Ich glaube schon, daß uns unsere Ideale manchmal in Schwierigkeiten bringen. Aber das geht in Ordnung. Man macht manche Dinge nicht, um eine Auseinandersetzung zu gewinnen, sondern, weil die Dinge es wert sind, daß man sich für sie einsetzt.“

Im Zusammenhang mit der IRA hatte es schon einmal Ärger gegeben. In einem FACHBLATT-Interview erklärte Bono 1984, warum die Band sich geweigert hatte, in New York an einer Parade zum St. Patrick's Day teilzunehmen: weil die Parade auch zu Ehren von Bobby Sands stattfinden sollte, einem IRA-Mitglied, das sich 1982 zu Tode gehungert hatte: „Hm, Bobby Sands. Die Kraft, die er aufbringen mußte, um sich zu Tode zu hungern, ist genau das, was mich erschreckt. Ich bewundere seinen Mut, aber Fanatismus ist eine negative Kraft. Selbstmord ist eine Sache. Mord eine andere. Bobby Sands, obgleich heute von gewissen Gruppen wie ein Held verehrt, war verantwortlich für viele Todesurteile. Das vergißt man leicht. Weißt du, Mord ist in meiner Heimat an der Tagesordnung. Wenn in Irland jemand an die Tür klopft, weiß man nie, ob es Freunde oder Killerkommandos sind. Klar, überall in Europa gibt es politische Spannungen. Vielleicht wird eine soziale gesellschaftliche Revolution die industrielle ablösen. Die Computertechnologie produziert ein Heer von Arbeitslosen, die Freizeit-Ära dämmert herauf. Anstatt der Fünftagewoche wird es eine Zweitagewoche geben. Die Folge: Parasiten, Drogenabhängige, Kulte und Sekten. Wir sind nicht dazu erzogen worden, mit unserer freien Zeit etwas Vernünftiges anzufangen. Rockmusik spielt in diesem Zukunfts-Szenario ihre Rolle als helfende Kraft. Das hat mit Parteinahme und Politik nichts zu tun; es geht darum, das ganze Gefühlsspektrum des Menschen zu reflektieren. U2 ist deshalb auch keine politische Truppe."

Das kann nun natürlich wörtlich nehmen, wer mag. Am meisten – das fanden auch die Musiker von U2 heraus – läßt sich jedenfalls mit einem gezielten Engagement in überschaubarem Rahmen erreichen. Auch wenn wiederum nicht jedes Engagement den gewünschten Erfolg hat. Ein Beispiel dafür schilderte Bono in einem Interview mit dem Magazin MELODY MAKER: „Ich weiß nicht sehr viel über Politik, aber ich weiß das eine oder andere über Menschen. Und ich unterhielt mich mit dem Menschen Dr. Garrett Fitzgerald, der heute Premierminister dieses Landes ist, nicht mit dem Politiker. Ich traf Fitzgerald zum ersten Mal auf dem Flughafen Heathrow, als er noch nicht Premierminister war. Ich ging schnurstracks durch die Reihen seiner Sicherheitsbeamten, schob sie zur Seite und fing eine Diskussion mit ihm an. Am Ende hatten wir gut eine halbe Stunde so gestanden und aufeinander eingeredet. Ein paar Polizisten kamen auf mich zu, aber Fitzgerald winkte nur ab und sagte ihnen, daß alles seine Ordnung habe. Und schließlich sagte er zu mir: 'Hören Sie – könnten wir dieses Gespräch nicht auf dem Flug nach Dublin fortsetzen?' Also gingen wir ins Flugzeug, setzten uns nebeneinander und diskutierten weiter. Das alles hatte nichts Aggressives an sich. Ich fragte ihn nur, warum Politiker nicht die Sprache der einfachen Menschen redeten, warum sie sich in Politphrasen unterhielten, die den Rest ihrer Landsleute ausgrenzten. Und ich sagte ihm, daß meiner Meinung nach jede politische Führungspersönlichkeit genau das unbedingt vermeiden sollte. Später schrieb er mir einen Brief, und er besuchte uns, während wir die LP *War* produzierten. Und als ich ihn dabei wegen der zunehmenden Arbeitslosigkeit beschimpfte, sagte er: ‚Gut – stellen wir einen Krisenstab in dieser Angelegenheit zusammen. Und ich möchte, daß Sie diesem Gremium angehören.'"

„Ich war das einzige jüngere Mitglied dieser Kommission. Trotzdem machten die Leute dort ihren Job in mancher Hinsicht ganz gut. Nur mein Anteil war viel kleiner, als er hätte sein können. Ich hätte am liebsten jedesmal, wenn sie etwa über die Probleme lediger Mütter diskutierten, eine ledige Mutter mit in den Konferenzraum gesetzt. Ich wollte einfach all diese dürren Statistiken mit Fleisch und Blut füllen. Als ich mich der Kommission anschloß, hatte das mit der persönlichen Krise zu tun, die mich daran zweifeln ließ, daß es gut sein könne, Rock'n'Roll zu spielen, während so viele wichtige Dinge getan werden müßten. Und als ich die Kommission wieder verließ, wußte ich: Rock'n'Roll zu spielen ist das Beste, was ich tun kann. Pete Townshend hatte mich damals mal zur Seite genommen und gesagt: ‚Junge, spiel du deine Songs und laß die Sozialarbeit alten Männern wie mir.'"

In seinen Texten wirkt Bono dann am eindringlichsten, wenn er das Jammern über weltumspannende Probleme hinter sich läßt und sich statt dessen auf Einzelschicksale konzentriert. Wie in dem Song *Red Hill Mining Town*, zu dem er

sich Anregungen aus dem Stück *Springhill Mining Desaster* des Sängers Luke Kelly holte: „*Springhill Mining Desaster* war immer mein Lieblingssong von Luke Kelly. Und weil ich den Bergarbeiterstreik ziemlich genau verfolgt habe, lag das Schreiben dieses Songs eigentlich nahe."

„Der Bergarbeiterstreik", erzählte er nach der Veröffentlichung der LP *The Joshua Tree*, „interessierte mich zwar in politischer Hinsicht, aber ich wollte in diesem Song aus einer eher persönlichen Perspektive über dieses Thema schreiben. Die nackten Zahlen zur Schließung einer Kohlengrube und die materiellen Folgen für die entlassenen Bergleute sprechen zwar eine deutliche Sprache, aber sie erzählen selten die ganze Geschichte der Betroffenen. Ich wollte in meinem Text dem Bergmann sozusagen nach Hause folgen und seine dortige Situation beschreiben. Denn die Geschichte, die es noch zu erzählen galt, spielte hinter den Kulissen des Streiks: Familien, die in die Brüche gingen oder doch zumindest großem seelischem Druck ausgesetzt waren. Das wollte ich herausarbeiten: Männer, die ihr Selbstwertgefühl verlieren und es nicht mehr wagen, ihren Kindern ins Gesicht zu sehen oder mit ihren Frauen zu schlafen. Über Generationen hinweg hatten sie es als eines der wichtigsten Dinge angesehen, ihren Job gut zu erledigen – und dann zählte das alles plötzlich nichts mehr."

Bei soviel Engagement besteht natürlich auch die Gefahr, daß bestimmte Gruppierungen versuchen, U2 als populäres Zugpferd vor ihren Karren zu spannen. Das ist auch Bono bewußt: „Sicher ist das der Fall! Nach einem Konzert in San Francisco gab ich einmal Autogramme. Das ist für mich nur eine Geste. Nun gut – ich war gerade im Begriff, meinen ‚Karl Heinrich' auf ein Blatt Papier zu kritzeln, da sagte mir mein Instinkt: ‚Halt, nein!' Und siehe da: Auf der Rückseite des Papiers stand ‚Free James McGowen.' Das war einer dieser Killer; er saß im Gefängnis. Diese Leute würden meine Popularität ohne mein Wissen benutzen."

Für eine andere Gefahr sorgt Bono selbst. 1984 gab er in einem Interview zu: „Manchmal bin ich selbst mein schärfster Widersacher. Ich rede oft zuviel. Nicht, wenn ich mit Leuten zusammen bin, denen ich vertraue und die mir vertrauen. Aber diese ganzen Themen aus der irischen Politik – daß ich mich da so stark engagiere, ist nicht besonders gut für die Band.“

„Wir“, sagt Adam, „wollten nie die Führer einer ganzen Generation zu werden. Es ist ein sehr merkwürdiges Gefühl, daß plötzlich all unsere Meinungen und Aussagen begierig aufgesogen werden, als hätten wir die Weisheit mit Löffeln gegessen.Wir wollen unseren Fans auch gar nicht sagen, wo's politisch langgeht. Rock'n'Roll ist sicher nicht das geeignete Mittel, die Welt zu verändern. Rock'n'Roll soll Spaß machen.“

Und Bono stellt noch einmal klar: „Ich bin gegen eine Rock-Rebellion, die aus zertrümmerten Fernsehern und kaputtgeschlagenem Hotelmobiliar besteht. Für mich gibt es nichts Radikaleres und Revolutionäreres, als jemanden zu lieben.“

...religion :

U2 werden von vielen ihrer Kritiker als „die Prediger des Rock'n'Roll" belächelt – und tatsächlich greift Bono in seinen Songtexten häufig auf biblische Symbole zurück oder preist in Interviews das Bekenntnis zur christlichen Nächstenliebe als Weg in eine bessere Zukunft.

Aus seinem starken Interesse an religiösen Themen macht Bono seit der Gründung von U2 keinen Hehl. Schon 1982 erzählte er der Zeitschrift RECORD MIRROR: „Ja, ich habe dieses Verlangen in mir... Wohin ich auch blicke, sehe ich, daß es einen Schöpfer geben muß. Aber ich sehe das Christentum oder was auch immer nicht als eine alleinseligmachende Religion, die alle Menschen in Gläubige und Ungläubige unterteilt – ich finde Jesus in jeder Religion dieser Welt wieder. Und manchmal empfinde ich Religion auch als ein Zeichen der Abwesenheit Gottes – als hätte Gott uns verlassen, und die Menschen hätten die zurückbleibende Leere mit Regeln auszufüllen versucht."

Und damit räumte Bono auch gleich mit dem Vorwurf auf, er würde als verwirrter Rockmusiker in der Bibel oder im Koran nach simplen Lösungen und schnell verfügbaren Antworten suchen: „Wenn du Christ wirst, werden dir eine gewisse Anzahl von Fragen, die wichtigsten in deinem Leben, beantwortet; doch zugleich werden eine Menge anderer Fragen aufgeworfen, die du nie zuvor gehabt hast."

Das Faible von Bono Vox für religiöse Fragen rief natürlich schon recht früh die Vertreter der christlichen Kulturszene auf den Plan, die das Quartett aus Dublin eilends für sich vereinnahmen wollten und die in den Insider-Zeitschriften in ausführlichen Artikel über christliche Rockmusik das Thema U2 nach Kräften diskutierten.

Das las sich allerdings für religiöse Laien manchmal etwas kompliziert. Graham Cray, Ex-Vorsitzender der Organisation Greenbelt, referierte zum Beispiel in der christlichen Jugendzeitschrift PACK'S über das Lied *I Still Haven't Found*: „Evangelikale Orthodoxie tendiert dazu, das Christentum weniger mit einer Pilgerreise als vielmehr mit einer Instantpackung ‚Glaube und festgelegte Erfahrungen' zu vergleichen. Für mich sind U2 am biblischen Glauben näher dran als solche Evangelikale. Glaube bedeutet Kampf, nicht verstandesausschließende Sicherheit."

Andere drückten sich verständlicher aus. Etwa Dave Roberts von der Christian Music Association, ebenfalls in PACK'S: „Man sollte U2 nicht vorschnell abschreiben. Man weiß schließlich nicht, was in dem persönlichen und geistlichen Bereich ihres Lebens vorgeht. Obwohl viele Leute gegenüber den Themen, die U2 aufgreifen, Vorbehalte haben, ist diese Gruppe doch der inhaltsschwerste Beitrag zur christlichen Popkultur der letzten 40 Jahre."

Steve Turner, Co-Autor des VIP-Buchs zum U2-Film „Rattle And Hum", schränkte ein: „Obwohl Bono darauf versessen ist, über geistliche Themen zu plaudern, zieht er es doch vor, vieles nicht der Öffentlichkeit preiszugeben. Ich kann das verstehen, denn es gibt nun mal Dinge, die die Christen untereinander wie Familiengeheimnisse behandeln. Und die sollte man nicht wie Perlen vor die Säue werfen! Wer nicht so an der Front steht, stellt oft hohe Erwartungen an solche Leute, was und wann sie es sagen sollten. Doch U2 sind keine Evangelisten! Sie tun ihren Job als Musiker, Songschreiber und Künstler."

Bono, der in den Augen christlich orientierter Kulturkritiker stark durch den australischen Motorradevangelisten John Smith beeinflußt ist, hat in der Tat seine Schwierigkeiten mit den heutigen Erscheinungsformen des Christentums. Mit den amerikanischen Fernsehpredigern zum Beispiel: „Du schaltest den Fernseher an und siehst diesen Kerl, der aussieht wie ein Neo-Nazi und eine Bibel in der Hand hält", ärgerte er sich 1989 gegenüber dem MELODY MAKER. „Seine Faust scheint aus dem Gerät in dein Zimmer zu ragen. Dann kommen die Namen der Mitarbeiter – und danach die Kontonummer mit der Bitte um Dollars. Da hätte ich gute Lust, den Fernseher zum Hotelfenster hinauszuwerfen."

Und als gebürtiger Ire macht ihm natürlich auch noch ein anderer Aspekt von Religion zu schaffen: „Religion hat Irland in zwei Lager gespalten. Deswegen ängstigt mich Religion. Ich mißtraue ihr. Religion, wie sie in Irland praktiziert wird, ist nur der Schein dessen, was ursprünglich vorhanden war, der Schein einer wirklich guten Sache. Darum versuche ich, zurückzugehen bis zu den Wurzeln. Meine Mutter ist Protestantin, mein Vater Katholik. Ihre Ehe hat bewiesen, daß der sogenannte Religionskrieg in Irland eine einzige Farce ist. Dahinter steckt doch nur wieder eine politische, eine wirtschaftliche Mafia. Ich glaube an Gott, weil ich nicht glauben kann, daß die Menschheit ein Unfall der Evolution ist. Aber ich spreche darüber nicht gerne, weil viele Journalisten dies zum Aufhänger ihrer Stories machen: (verstellt die Stimme) ‚Bono sagt: Er glaubt an Gott!'"

...benefiz :

U2 spielen für die Hungernden in Äthiopien („Live Aid", 1985), U2 gehen aus Protest gegen die Rassentrennung in Südafrika ins Tonstudio („Sun City", 1985), U2 geben ein weihnachtliches Benefizkonzert für die Gefangenenhilfsorganisation Amnesty International (1984), U2 spielen gratis zur Unterstützung arbeitsloser Jugendlicher in Dublin („Self Aid, 1986), Bono malt Bilder, um sie bei Christie's in New York zugunsten wohltätiger Zwecke versteigern zu lassen („Very Special Arts", 1989).

„Solchc Projekte", sagte The Edge schon 1984, „sollten nicht so verstanden werden, als wären wir die großen Wohltäter, die Almosen unters Volk werfen.Uns ist es wichtiger, etwas zu tun, als darüber zu reden. Es gibt so viele verschiedene Arten, Dinge anzupacken – und es gibt so viele Dinge anzupacken. Also: Mund halten und etwas tun!"

Tatsächlich scheinen U2 nur dann für Presserummel um ihre Wohltätigkeitsaktionen zu sorgen, wenn es der Aktion selbst dient – und nicht der Image-Verbesserung der Band. Viel Wirbel wurde zum Beispiel im Vorfeld der Amnesty-International-Tournee gemacht, dic 1986 unter dem Titel „A Conspiracy Of Hope" mit sechs Mammutkonzerten und den prominenten Programmpunkten Sting, Lou Reed und Peter Gabriel, Bob Dylan, Joan Baez, Bob Geldof, Dave Stewart und U2 durch Nordamerika rauschte. „Das Ziel dieser Tournee", erklärte Adam, „war es, die Hilfsorganisation Amnesty International und ihre Ideale in der amerikanischen Öffentlichkeit etwas bekannter zu machen. Viele Amerikaner halten Amnesty International für eine kommunistische Vereinigung. Aber Amnesty kämpft nicht nur in proamerikanischen Ländern gegen Menschenrechtsverletzungen, sondern überall in der Welt. Und das wollten wir mit diesen Konzerten bewußt machen."

Nur selten war davon die Rede, daß U2 nicht nur mitwirkten – Bono und Sting hatten die Tournee gemeinsam organisiert.

Entsprechend vehement verteidigte der Sänger denn auch dieses Engagement gegen scharfe Kritik aus der Presse: „Eine Organisation wie Amnesty International ist nicht mit Begriffen wie ‚links' oder ‚rechts' einzuordnen. Da geht es um eine höhere Wahrheit. Der Umstand, daß noch immer Menschen auf dieser Erde gefoltert werden wie zu Zeiten der Nazis, ist eine Wahrheit, die auch 1987 noch Bestand hat."

Auch bandintern gab's einmal Ärger: Da wollte Bono 1990 für die Benefiz-LP *Requiem For The Americas* als Sänger ins Studio – und wurde, so war zu lesen, von den anderen Gruppenmitgliedern zurückgepfiffen. Dafür bewiesen alle vier U2-Musiker augenzwinkernd Humor, als sie 500 irische Pfund an die Gerichtskasse in Dublin überwiesen: Ein Richter hatte Richard Branson, Chef der Plattenfirma Virgin und unter anderem Finanzier einer Aids-Hilfe-Organisation, zu dieser Geldstrafe verurteilt, weil er in seinem Dubliner Plattenladen Kondome verkaufen ließ. U2 ließen es sich nicht nehmen, finanziell für Branson einzuspringen – obwohl der die Strafe wohl nur zu gerne publicityträchtig selbst bezahlt hätte.

Ob die Band da nur auf die Werbewirkung geschielt hat? Mag sein. Eines gibt jedoch zu denken: Während U2 für „Live Aid", das „Knebworth"-Festival (zur finanziellen Unterstützung geistig behinderter Kinder und zur Schaffung eines Schulgeld-Fonds für Kinder ärmerer Familien) und *Sun City* (ein Protestalbum gegen die Apartheid-Politik in Südafrika) trommelten, daß es nur so rauschte im Blätterwald, war von einer anderen Aktivität kaum einmal etwas zu lesen: Seit 1984 unterstützen U2. Dublin mit mehreren hunderttausend Mark pro Jahr darin, für lokale Nachwuchsbands Aufnahmemöglichkeiten zu schaffen.

Bono und U2 für Amnesty International unterwegs.

„Die Leute denken, wir wären alle Millionäre“, beklagte sich Bono im Dezember 1988 in einem Interview mit der Zeitschrift FACE. „Dabei sind wir gar keine. Natürlich geht's uns gut, aber wir sind – nehmen wir mal ein aktuelles Beispiel – die einzigen, die für die Arbeit an unserem Film ‚Rattle And Hum‘ nicht bezahlt werden. Uns gibt's gratis. Wir verdienen erst etwas, wenn der Film Profit macht – denn wir haben ihn für denselben Betrag an die Filmfirma Paramount verkauft, den wir in den Streifen investiert haben: neun Millionen Mark. Nun muß der Film erst einmal eine Menge Geld einspielen – und die Leute vom Verleih haben dazu ja auch noch einiges für Werbung ausgegeben. Die Chancen, mit ‚Rattle And Hum‘ einen nennenswerten Profit zu machen, sind äußerst gering. Außer ‚Woodstock‘ hat ohnehin noch kein Rockfilm Gewinn gebracht.“

Bono und sein Understatement in finanziellen Dingen. Für das Jahr 1988 schätzt das amerikanische Wirtschaftsmagazin FORBES das Einkommen der Band U2 auf umgerechnet 19,3 Millionen Mark und reiht das Quartett damit unter den internationalen Großverdienern der Unterhaltungsbranche auf Rang 26 ein, im Bereich der Rock- und Pop-Unterhalter auf Rang 11.

U2 und ihr Umfeld bilden heute einen ansehnlichen Wirtschaftsverbund. Das Musikmagazin ME/SOUNDS zählte im Dezember 1991 Beteiligungen der Gruppe, der Musiker oder des Managements an insgesamt 15 Firmen.

Als sie 1984 ihren Plattenvertrag mit Island Records verlängerten, ließen sich U2 damit nicht nur finanzielle Konditionen zusichern, die damals als die besten der gesamten Branche galten – sie erwarben auch einen Anteil an der Plattenfirma, der von einigen Insidern auf elf Prozent geschätzt wurde. 1989, als Island Records an den Medienkonzern Polygram verkauft wurde, bedeutete das für U2 Insiderberichten zufolge einen Verkaufserlös von mehr als 60 Millionen Mark.

Das Label Mother Records, von U2 bereits 1984 als Podium für Nachwuchsbands gegründet, konnte bis 1989 immerhin für sechs Bands Plattenverträge mit großen Plattenfirmen abschließen: In Tua Nua waren bei Virgin untergekommen, Cactus World News bei MCA, Tuesday Blue waren mit EMI handelseinig geworden, The Painted Word mit RCA, An Emotional Fish mit East-West – und mit den überaus erfolgreichen Hothouse Flowers hatte sich London Records den dicksten Fisch an Land gezogen. „Wir fördern diese Bands – und das heißt auch, daß wir ihnen beim Schreiben der Songs helfen und überhaupt den kompletten Prozeß der Plattenproduktion von der ersten Idee bis zum fertigen Produkt betreuen“, sagte Bono 1989 der Zeitschrift Q. Damals belegte Mother Records bereits alle Räumlichkeiten einer ausgedienten Obstgroßhandlung im Hafenviertel von Dublin mit Beschlag, die die U2-Firma für umgerechnet rund 750 000 Mark gekauft und für weitere 750 000 Mark renoviert hatte.

Doch das brachte U2 nicht nur Freunde in und um Dublin ein. Sinéad O'Connor zum Beispiel wetterte in einem irischen Popmagazin: „U2 haben überall ihre Finger drin – verdammt noch mal, sie regieren Dublin.“ The Edge konterte diesen Angriff gelassen: „Ich komme gut mit Sinéad aus, und ich amüsiere mich, wenn ich so was lese. Doch ich kann mir einfach nicht vorstellen, daß intelligente Journalisten so was unkommentiert schlucken.“

So entspannt reagierte Bono nicht, als einige Musikjournalisten der Band nach Veröffentlichung der LP *The Unforgettable Fire* vorwarfen, U2 opfere die Qualität und Eigenständigkeit ihrer Musik für die große Kasse. Bono zum Reporter des NEW MUSICAL EXPRESS: „Nach all den Jahren haben wir jetzt mit *Pride* unseren ersten großen Hit gelandet. Glaubt ihr nicht, daß wir das – wenn es uns wirklich wichtig gewesen wäre – nicht schon vorher geschafft hätten? Wenn wir wirklich die neuen Beatles oder was weiß ich wer sein wollten, würden wir wohl dafür gesorgt haben, daß wir in den entsprechenden Zeitschriften besser vertreten gewesen wären. Wir haben statt dessen zum Beispiel auf einen Teil unserer Tantiemen an *Under The Blood Red Sky* verzichtet, damit die Platte im Laden zu einem niedrigeren Preis verkauft werden konnte. Eines ist sicher: Wir werden nicht die Hosen runterlassen, nur damit wir aufs Titelbild einer großen Zeitschrift kommen. Und wir werden keine Musik auf Platte veröffentlichen, die uns nicht gefällt, nur um damit in den USA groß rauszukommen.“

Und drei Jahre später erzählte Bono demselben Magazin von einer Begebenheit, die sogar den Schluß zuließ, daß sich U2 herzlich wenig um die Absatzzahlen ihrer Platten kümmerten: „Kennt ihr den Ort, den wir mit *The Joshua Tree* meinen? Es ist eine sonderbare Stadt am Rand der kalifornischen Wüste. Viele psychedelische Schriftsteller kommen von dort, Gram Parsons liegt dort begraben. Wir fanden den Namen des Ortes irgendwie interessant. Die Verantwortlichen unserer Plattenfirma sagten: ‚Jetzt erscheint also das größte Rock'n'Roll-Album der größten Rock'n'Roll-Band der Welt – und wie soll es heißen? *The Joshua Tree*?‘ Allein die Gesichter, die diese Leute machten, waren es schon wert gewesen, diesen LP-Titel auszuwählen...“

Wobei noch anzumerken wäre, daß U2 (nachdem sie 1978 erfolglos alle großen Plattenfirmen abgeklappert hatten) ohnehin nie allzuviel auf die Meinung der Branche gaben. Bono: „Wenn Jimi Hendrix heute zu einer Plattenfirma gehen und dort sein Demo-Band vorspielen würde, um einen Plattenvertrag zu bekommen...“ – „...würde es heißen“, brachte The Edge den Satz zu Ende, „Tja, Jimi – tut uns leid, aber das ist nicht die Musik, die heutzutage in den Radiostationen verlangt wird.‘“

Ärger um die “Finanzpolitik” der Gruppe U2 gab es auch 1989, als U2-Manager Paul McGuinness die Eintrittskarten für fünf Dublin-Konzerte im Dezember des Jahres für umgerechnet 60 bis 75 Mark pro Karte ungewöhnlich teuer verkaufen lassen wollte. Aufgrund massiver Proteste setzte McGuinness die Eintrittspreise wenig später mit 48 bis 54 Mark neu fest.

„Logischerweise“, verteidigte der „Übeltäter“ die ursprünglichen Preise in ME/SOUNDS, „richten sich die Eintrittspreise auch nach der Zuschauerzahl. In Dublin treten U2 vor nur jeweils 4500 Leuten auf, weil gerade die Konzerte in unserer Heimatstadt zu einer intimen Angelegenheit werden sollen. Die Produktionskosten für unsere aufwendige Show sind schließlich nicht beliebig reduzierbar. Das bedeutet, daß mit den neuen Eintrittspreisen wohl kaum noch etwas an den Konzerten zu verdienen sein wird. Es war schon ziemlich bitter, in den letzten Wochen die irischen Zeitungen zu lesen. Das ganze Gerede um ein paar Pfund rauf oder runter! Kein Wort davon, daß U2 in den vergangenen

Sinéad O'Connor: „Ganz Dublin gehört U2.“ Szenekneipen (rechts) und das Point Depot, in dem U2 ein Neujahrskonzert gaben.

Die Zentrale: Das Studio von U2 in Dublin (oben) und der Blick um die Studiomauer zum bandeigenen Press Office (links).

Jahren in wirtschaftlicher Hinsicht mehr für ihr Land getan haben als jeder andere in der irischen Industrie.“

Ein halbes Jahr später dann war nicht nur McGuinness ratlos. Da ließen U2 die irische Musikzeitschrift THE HOT PRESS ein Kassetten-Inlet mit der Aufschrift „U2 – Lovetown“ zum Herausreißen abdrucken – sozusagen als Service für alle, die (was eigentlich verboten ist) das per Rundfunk aus Dublin übertragene Neujahrskonzert 1989/90 der Band mitgeschnitten hatten. Und schon wurde wieder gewettert. „Förderung von Raubkopien?“ Die Managerin von THE HOT PRESS, Jackie Hayden, schüttelte den Kopf: „Vor ein paar Monaten hat man U2 wegen überhöhter Ticketpreise kritisiert. Nun haben sie sich als kleines Geschenk diese Kassetten-Inlets ausgedacht – und alle fallen über sie her...«

...amerika :

„Die Iren", sagte Bono im November 1984 im Gespräch mit dem Magazin MELODY MAKER, „haben die USA aufgebaut. Amerika ist ein sehr kraftvolles Land. Du setzt dich mit ihm auseinander, du ringst regelrecht mit ihm. Ich sage immer: ‚Es gibt zwei verschiedene Amerikas.' Das eine schreibt sich Ameri*ka* – und es steht für acht Fernsehprogramme, für Ronald Reagan, für den Ku-Klux-Klan. Aber mich interessiert Ameri*ca* viel mehr: Freiraum, unentdecktes Land, riesige Städte voller Menschen, die ohne vorgefaßte Meinung zu unseren Konzerten kommen, die unserer Musik gegenüber außergewöhnlich aufgeschlossen sind, die als Publikum nicht so gehemmt wirken wie viele Leute anderswo in der Welt."

„Weil wir eigentlich keine Musik machen, die für den Einsatz in den amerikanischen Rundfunkprogrammen taugt, entwickelten wir uns in den Vereinigten Staaten zu einer Kultgruppe", erklärte The Edge 1985. „Und das macht es für die amerikanischen Fans ein bißchen exklusiver, U2-Fan zu sein – das gibt dem Ganzen den Anstrich des musikalischen Undergrounds."

Keine Frage: U2 sind seit Jahren ausgesprochen fasziniert von den Vereinigten Staaten. Sie klagten die Politik von Ronald Reagan an, sie machten auf die Lage in den Ländern Mittel- und Südamerikas aufmerksam, die vom großen Nachbarn USA dominiert werden – und sie gingen seit den ersten Club-Konzerten an der Ostküste im November 1980 regelmäßig auf teilweise sehr ausgedehnte Konzertreisen durch Nordamerika.

The Edge: „Deine Sicht von Amerika ändert sich zunehmend, je länger du dich in diesem Land aufhältst. Am Anfang fällt dir nur das nervtötende Fernsehen auf, die furchtbaren Radiosender und die Schnellimbiß-Ketten. Aber Amerika hat Dutzende verschiedener Gesichter. Ich kann sehr gut verstehen, daß David Byrne von Texas so fasziniert war, daß er daraufhin den Film ‚True Stories' gemacht hat. Und die Musik, die aus Texas oder aus dem Mittelwesten stammt, ist die echte Musik Amerikas."

Nicht überall trafen die Begeisterung der Band für Amerika und ihre Sicht der dortigen Verhältnisse auf ungeteilte Zustimmung. Die IRISH TIMES zum Beispiel schrieb einmal, daß U2 „trotz ihrer Proteste gegen das Apartheidsregime in Südafrika und die Reagan-Politik in Mittel- und Südamerika doch in erster Linie dasselbe Bild von Amerika vermitteln wie die Vision von Ronald Reagan".

Bono Vox war sich selbst nie ganz über seine Gefühle gegenüber der westlichen Weltmacht im klaren. „Ich liebe Amerika – und ich hasse es", sagte er einmal. „Zwischen diesen beiden Extremen bin ich hin und her gerissen. Vergangenes Jahr verbrachte ich einige Zeit in El Salvador und Nicaragua. Und von dort aus sah ich ein anderes Gesicht von Amerika – eben dieses Amerika mit ‚k'. Ich erlebte die Auswirkungen der amerikanischen Außenpolitik auf Farmer und Kinder. Aus diesen widerstrebenden Gefühlen entstand zum Beispiel der Song *Bullet The Blue Sky*. Es war in letzter Zeit sehr angesagt, Amerika zu attackieren. Dabei darf man eines nicht vergessen: Ich attackiere nicht die Amerikaner, die ich sehr mag – das sind sehr offenherzige Leute. Ich greife Amerika an, Ronald Reagan, das kommerzielle Fernsehen, die Werbung, den amerikanischen Traum, diesen Größenwahn. Für Fahnenschändung würde man mich dort erschießen."

So sehr, wie die Musiker von U2 von Amerika fasziniert sind, so sehr sind im Gegenzug viele Amerikaner von der irischen Band beeindruckt. „Europäische Bands", erklärte The Edge vor Jahren, „wachsen gewöhnlich innerhalb einer musikalischen Tradition auf. Wir zum Beispiel sind natürlich durch unsere Herkunft von der irischen Folklore geprägt – und damit sind wir einer Wurzel der amerikanischen Musik eigentlich näher als amerikanische Bands. Viele Iren sind in die USA ausgewandert, und zwischen ihren Nachfahren und der Heimat ihrer Ahnen gibt es noch heute viele musikalische Verbindungen. So war die irische Folklore einer der bestimmenden Einflüsse des amerikanischen Folk."

Unter ihren vielen Fans jenseits des großen Teichs ist auch ein sehr prominenter: Bruce Springsteen, der in den 80er Jahren gewissermaßen zum musikalischen Symbol der amerikanischen Jugend wurde. „Er ist zu einem unserer Konzerte gekommen", erzählte Bono dem FACHBLATT 1984. „Er war 200 Kilometer gefahren, um uns zu sehen. Und wir haben nach dem Konzert auch zusammengesessen und uns unterhalten. Ich liebe es, mich mit Leuten auseinanderzusetzen und mit ihnen zu diskutieren. Bruce erzählte mir damals sehr viel über seine Songs und die Charaktere, die er darin beschrieb. Nach einer gewissen Zeit fragte ich ihn, wann er denn endlich etwas über sich selbst erzählen würde. Daraufhin haben wir uns wunderbar ‚gestritten'."

Drei Jahre nach dem Konzertbesuch Bruce Springsteens sagte Bono zum Reporter von ME/SOUNDS: „Als Songschreiber habe ich mich diesmal stark mit Amerika auseinandergesetzt. Mein Versuch: Ich wollte auf bildhafte Weise über Amerika schreiben und dabei herausfinden, welche Wirkung dieses Land eigentlich auf mich hat. Das fiel damit zusammen, daß Keith Richards mich während der Aufnahmesessions für *Silver And Gold* auf den Blues antörnte. Er spielte mir zum Beispiel Platten von John Lee Hooker vor – und es dämmerte mir, daß ich in diese musikalische Welt nicht einmal den kleinsten Blick geworfen hatte."

...musik :

Auch musikalisch nahm Amerika eine immer wichtigere Rolle in der Entwicklung der Band U2 ein. „Wir schweben – was unsere musikalische Tradition angeht – in einer Art luftleerem Raum", sagte Bono 1984. „Und wahrscheinlich haben wir deshalb ein ungeheuer großes Interesse an traditionellen Musikrichtungen wie irischer Folklore. Der Song A Sort Of Homecoming ist zwar geographisch gemeint, würde aber auch im Hinblick auf eine musikalische Heimat passen. Wenn ich mir Van Morrison oder Bob Dylan anhöre, werde ich geradezu eifersüchtig auf die musikalische Tradition, auf die sie sich berufen können. Wir haben so etwas nicht."

Der Zeitschrift ME/Sounds erzählte Bono 1987 von einer Begebenheit während der Produktion des Benefiz-Albums *Sun City*: „In dieser besagten Nacht habe ich miterlebt, wie Mick Jagger und Keith Richards diese Songs aus den Fifties sangen. Country & Western-Stücke, Blues... Irgendwann reichte Keith mir seine akustische Gitarre und sagte: ‚Jetzt bist du dran, spiel uns mal ein paar von deinen Lieblingssongs vor.' Aber da mußte ich passen. (lacht) Hätte ich etwa versuchen sollen, ein Stück von Philip Glass zu summen? Oder einen U2-Song auf einer sechssaitigen Klampfe zu spielen? Das geht einfach nicht. Wir haben einen Sound kreiert, der dann zu einem Song komprimiert wird. Aber das kann man nicht so einfach reproduzieren. Nun - das macht mich schon irgendwie traurig. Als ich mich morgens um acht von Keith verabschiedete, nahm ich mir vor: Ich werde einen traditionellen Blues-Song schreiben. Nach einer Stunde hatte ich *Silver And Gold* geschrieben. Drei Tage lang haben wir dann für das Album *Sun City* an dem Stück gearbeitet: haben es verändert, umgeschrieben, gesungen, neu abgemischt... Dabei ist etwas Lustiges passiert. Um den Takt zu halten, habe ich zur Musik mit dem Fuß gestampft. Und Keith und Ron sagten: ‚He, guck mal, der macht's schon wie der olle John Lee Hooker.' Aber das war Zufall. Ich bin nämlich mit der Einstellung aufgewachsen: Scheiß auf den Blues. Was willst du mit diesem Zwölf-Takt-Kram, den die Club-Bands landauf, landab in diesen Striplokalen spielen? Gar nichts! Genau aus diesem Grund haben wir mit U2 musikalisch zunächst auch ganz von vorne angefangen - ohne jede Rückbesinnung auf Althergebrachtes. Aber nach all den Jahren war es interessant herauszufinden, wie die Auseinandersetzung mit solchen Genres verlaufen würde."

Die Traditionen dieser Genres begannen Larry, Adam, The Edge und Bono mit den Jahren zunehmend in ihre Musik einzuarbeiten. Sie fanden Anregungen im Blues, im Soul, in der Gospelmusik – und damit in Stilrichtungen, die untrennbar mit der amerikanischen Popmusik verbunden sind. „Wir", sagte The Edge 1988, „durchleben gerade eine Periode, in der es uns Blues, Country und irische Folkmusik erlauben, unseren Songs hier und da neue stilistische Nuancen zu geben. Das mag auf viele Leute nicht besonders spektakulär wirken, aber für uns ist das ein großer Schritt nach vorn."

Wovon ihre Musik bis dahin lebte? „In den Nachwehen des Punk schien die U2-LP *Boy* – voll der Ängste, Hoffnungen und Lebendigkeit von vier jungen Menschen auf dem Sprung hinaus in die Welt – eine neue Art von Rockmusik anzukündigen." Sagte das Musikmagazin New Musical Express. Von Kontrasten, von der Suche nach stilistischen Wurzeln, von einer ausgeprägten Vorliebe für Improvisation – sagen die Musiker.

The Edge nach der Veröffentlichung der LP *The Unforgettable*

Fire: „Ich glaube, wir mußten einfach eine LP der Kontraste aufnehmen. Wir wollten keine ‚eindimensionale' Platte abliefern, sondern ein Album, das für jeden etwas bietet. Unser Publikum hat sich inzwischen zu einer riesigen Gruppe quer durch alle musikalischen Vorlieben ausgewachsen. Es gibt Leute, die von der LP *War* ganz begeistert waren – und es gibt andere, denen *Boy* gefallen hat, die aber die Songs auf *War* nicht ausstehen können. Außerdem finde ich nicht, daß War die ganze Bandbreite gezeigt hat, die uns als Songwriter zur Verfügung steht – und dieser Gedanke stand für mich während der Arbeit an *The Unforgettable Fire* immer im Vordergrund. Ich würde gerne alle Seiten, alle Facetten der Band in Songs packen. Diesem Ziel sind wir meiner Meinung nach mit der neuen Platte sehr nahe gekommen. *Pride* zum Beispiel ist der einzige Pop-Song, den wir bisher zustande gebracht haben. Und ich meine Pop hier im bestmöglichen Sinn des Wortes. Für mich ist Popmusik leicht verständlich – du hörst dir einen Song an, und du verstehst ihn fast augenblicklich. Du findest sofort einen Draht zur Aussage des Stücks, zu seiner Atmosphäre. Auf viele andere Songs der LP trifft das allerdings nicht zu. Manche der Stücke klingen beim ersten Hinhören möglicherweise ein wenig konfus – aber mit der Zeit hört man sich rein. Mit den Texten verhält es sich genauso: Sie sind so vieldeutig und offen gehalten, können auf so viele verschiedene Arten interpretiert werden, daß sich eigentlich jeder darin wiederfinden kann."

Adam im selben Jahr: „Bisher schrieben wir Songs folgendermaßen: Wir hockten uns zusammen, trugen all unsere Ideen zusammen, und dann ließ sich Bono eine Melodie dazu einfallen. Diesmal bereiteten Edge und Bono die Songs zu zweit vor. Sie arbeiteten ein grobes Arrangement aus, legten die Akkordwechsel fest – und dann füllte die ganze Band das Stück mit Leben. Das war eine wichtige Erfahrung. Vor allem, weil diese Art zu Komponieren für den Großteil der Songs nicht richtig funktionierte. Eigentlich klappte es nur für den Titelsong *The Unforgettable Fire* – alle anderen Stücke zeigten eigentlich nur, daß U2 keine Songs anderer Leute nachspielen kann. Und das trifft ja im Grunde auch auf Lieder zu, die Edge und Bono fertig komponiert mit in den Proberaum bringen. Die beiden kamen rein und sagten: ‚Hier ist der neue Song, hier ist unsere Demo-Aufnahme. Hört mal rein und schaut, wie ihr damit zurechtkommt.' Nachdem ich mir diese Demos angehört hatte, ging mir der Baßlauf nicht mehr auf dem Kopf, den Edge und Bono für ihr Demo verwandt hatten – und das blockierte mich geradezu, während ich nach etwas Eigenem suchte. Ich fand diese Art zu arbeiten irgendwie beengend. Okay – wenn am Ende ein Stück wie *The Unforgettable Fire* dabei herauskommt, hat die ganze Prozedur natürlich seine Berechtigung. Aber sich ein ganzes Album so zu erarbeiten? Nein, danke."

Bono: „Früher schrieben wir nie Songs im eigentlichen Sinne. Und irgendwann dachten wir uns, es wäre doch vielleicht ganz nett, mal ein paar im Repertoire zu haben. Larry, der innerhalb der Band wohl der am ehesten an Songs Orientierte ist, drängte uns ein wenig in diese Richtung. Wir waren gerade von einer außerordentlich langen und anstrengenden Tournee zurückgekommen und nutzten unsere Live-Routine für dieses Experiment. Also setzten wir uns hin und begannen, Songs zu komponieren. Wir schrieben Akkorde auf und Textpassagen – es ging eigentlich ganz gut."

Die Spannung, die da andeutungsweise zwischen den „Nur-Musikern" Adam und Larry auf der einen und den Komponisten The Edge und Bono auf der anderen Seite deutlich wurde, konnte der Produzent Brian Eno in einen Vorteil für die Musik der Band ummünzen. Eno, selbst im Ruf eines brillanten Musikers und Komponisten stehend, stieß 1984 für die Aufnahmen zum Album *The Unforgettable Fire* zur Gruppe – und beeindruckte die Bandmitglieder auf Anhieb. Noch lange Zeit nach der ersten Zusammenarbeit schwärmten sie in Interviews ausführlich von den Qualitäten Brian Enos.

Wie Larry, der 1987 sagte: „Wir versuchen einen neuen Song zu erobern, und wir versuchen, jedem unserer Lieder eine eigene Atmosphäre zu geben. Gerade so, als wäre es ein ganz konkreter Ort. Das ist auch eine Stärke von Brian Eno: sich zur eigentlichen Idee durchzuarbeiten, die irgendwann einmal zum Entstehen eines Songs geführt hat. Die meisten Produzenten haben keine große Lust, sich so konzentriert in eine Band hineinzuversetzen. Sie wollen meist nur, daß eine Platte gut klingt. Manchmal allerdings wurde uns Brian eine Spur zu kopflastig, wollte zu sehr ein bestimmtes Konzept in den Vordergrund rücken. Auf der anderen Seite ist er sehr der irischen Folklore und der Gospelmusik verhaftet – beides Stilrichtungen, die von Direktheit und Gefühl dominiert werden. Und deshalb schafft er es meistens, seine intellektuelle Seite mit seinem Gespür für Spontaneität im Gleichgewicht zu halten."

Nach dem Zusammentreffen mit Brian Eno – Zufall oder nicht, denn Eno hatte sich zuvor intensiv mit Gospelmusik beschäftigt – stöberten U2 stärker denn je im Fundus der amerikanischen Popmusik herum. „Wir entdeckten", sagte Adam nach der US-Tournee zum Album *The Unforgettable Fire*, „daß Musik eine Geschichte hat, von der wir ein Teil sind. Und daß es uns nur helfen konnte, wenn wir ältere Kapitel dieser Geschichte kennenlernen würden. Und wenn du dir vor Augen hältst, daß Musik irgendwann aus traditioneller Folklore entstanden ist, wird dir auch klar, daß diese Folk-Musik in vieler Hinsicht mehr Power hat als der aufgeblasenste Bombastrock."

Sie griffen den Rock'n'Roll auf. Bono, 1987: „Der Rock'n'Roll wird thematisch vom schnellen Sex auf dem Rücksitz eines Chevrolets beherrscht. Nun will ich gar nicht abstreiten, daß Sex auf dem Rücksitz eines Chevrolets eine feine Sache ist für die, die damit gerade beschäftigt sind. Aber als Songwriter interessiert mich viel mehr, was in der Zeit danach mit einer Freundschaft passiert. Darum geht es in vielen meiner Texte. Viele sagen, daß ich von Grenzen in jeder Form geradezu besessen sei. Das mag stimmen – mich beschäftigen Grenzen ganz verschiedener Art, ob das nun körperliche, nationale, sexuelle oder geistige Grenzen sind. Und im Prinzip beschäftigt sich unsere ganze Musik mit Versuchen, solche Grenzen zu überschreiten."

Und ein Jahr später: „Als die 70er Jahre vorüber waren, herrschte folgende Meinung vor: Laßt uns den Rock'n'Roll als das genießen, was er ist – aber laßt es uns mit einem ironischen Augenzwinkern tun. Laßt uns den Rock'n'Roll mit einem Schuß Ironie und Kitsch genießen. Aber ich war von dieser Sichtweise nie besonders beeindruckt. Ich fühle mich eher als Teil einer anderen Weltanschauung – einer Weltanschauung, die 100 oder 200 Jahre in die Vergangenheit weist."

U2 griffen mit dem Rock'n'Roll auch die Erinnerung an einen seiner Pioniere auf: an Elvis Presley, dessen Graceland-Villa sie während der für den Film „Rattle And Hum" aufgezeichneten Tournee besuchten. Ein anderer Einfluß, der immer wichtiger wurde: der Blues. Bono, 1987: „Wenn du dir einen Film wie ‚Paris, Texas' ansiehst und dazu die Filmmusik von Ry Cooder hörst

und wenn du dann einige andere Cooder-LPs auflegst, dann tauchst du in die musikalische Welt des Mississippi-Deltas ein und in den Blues und stößt irgendwann auf die Musik eines John Lee Hooker. Ich kam auf diesem Weg schließlich auf die Songs von Willie Dixon und solchen Leuten. Und tatsächlich traf ich Dixons Sohn mal in einem Blues-Club in Chicago und stand schon wenig später gemeinsam mit ihm auf der Bühne. Ich will von solchen Einflüssen nicht erstickt werden – aber diese Blues- und Gospel-Musik ist ein Universum für sich, und ich bin gerade dabei, ein bißchen darin herumzuschnuppern."

Und The Edge fügte hinzu: „Keiner von uns ist wirklich mit Dance-Music aufgewachsen. In der Vergangenheit verkörperten wir in der Popszene oft den absoluten Gegenpol zur Dance-Music. Und wollten das teilweise auch. Aber heute entdecken wir auch die tanzbare Popmusik immer stärker für uns – ich halte inzwischen zum Beispiel große Stücke auf Jimmy Nolan, den Stammgitarristen in der Begleitband von James Brown. Da ist in den letzten paar Jahren einiges bei uns in Bewegung gekommen. Ich höre mir zur Zeit alles mögliche an – von alten Blues-Aufnahmen bis zu Stücken von Johnny Marr. Gerade Marrs Art, Gitarre zu spielen, wirkt sehr leicht und zugleich ausgesprochen rhythmisch. Das finde ich gut. Tom Verlaine hat mich als Gitarrist sehr beeinflußt. Nicht durch seine Fingerfertigkeit, sondern durch seinen Mut, Dinge auszuprobieren, an die sich bis dahin noch niemand anderer gewagt hatte. Ich habe lange mit verschiedenen Sounds experimentiert, bevor ich auf einen Klang stieß, der zu meiner Spielweise zu passen schien. Und jetzt höre ich, wie immer wieder andere Musiker versuchen, diesen Stil und diesen Sound zu kopieren – den berühmten The-Edge-Gitarrenstil. Ach du meine Güte! Ich wollte niemals einen neuen Modesound kreieren oder den neuen Stil für Gitarristen vorgeben – ich wollte einfach etwas Neues machen. Als wir 1976 begannen, Musik zu machen, schien es, als wäre die ganze Punk-Bewegung wie ein einziger Siegeszug durch alle Lebensbereiche. Aber heute orientieren wir uns stärker an der Musik, die es vor Punk gab."

Auf dieser Suche nach etwas Neuem und bei der Annäherung an Blues-Elemente trafen U2 Mitte der 80er Jahre auch mit dem Sänger und Gitarristen B.B.King zusammen. „Zum erstenmal traf ich U2 im Jahr 1986 nach einem Konzert in Dublin", wurde King einmal vom Musikmagazin ME/SOUNDS zitiert. „Sie kamen hinter die Bühne, um mit mir zu reden. Ich kannte sie zwar schon lange und fand ihre Musik gut, aber es war doch ziemlich aufregend, sie von Angesicht zu Angesicht zu treffen. Wir unterhielten uns recht angenehm, und als sie sich verabschiedeten, mußte ich daran denken, was für ein großartiger Sänger und Songschreiber Bono ist. Also sagte ich zu ihm: ‚Wenn du mal wieder etwas komponierst, denk doch an mich und schreib mir einen Song.' Er grinste und meinte nur lakonisch: ‚In Ordnung.' So was frage ich wirklich nur selten jemanden. Anfang 1987 rief mich mein Manager an. Er habe erfahren, daß U2 einen Song für mich hätten und daß sie mich gerne treffen würden. Ich traf sie in Fort Worth, Texas, wo sie ein Konzert gaben. Dort erfuhr ich, daß Bono den Song gleich mit mir zusammen singen wollte. Das schmeichelte mir sehr. Also gut, dachte ich. Wir probten das Stück, und am Abend stellten wir es zusammen im Konzert 45 000 bis 50 000 Leuten vor, denen es anscheinend gut gefiel. Ich fand Bonos Song fantastisch. Er sagt darin Dinge, für die man normalerweise doppelt so alt sein müßte. Es ist ein spiritueller Song, und wenn Bono ‚Love' sagt, dann klingt das wie eine Metapher für Gott. Außerdem bin ich sicher, daß *When Love*

Comes To Town – was ja auch das Motto der gesamten Tournee ist – mir ein neues junges Publikum verschafft hat. Dafür bin ich U2 wirklich dankbar."

Und auch umgekehrt sorgte die Zusammenarbeit zwischen der lebenden Blueslegende und einer der erfolgreichsten Rock-Bands überhaupt für eitel Freude. Bono 1988 im Interview mit der Zeitschrift FACE: „B.B. haben wir zum ersten Mal in Dublin getroffen – damals habe ich ihn auch gebeten, mit uns zu arbeiten. Ich wollte wissen, wie er das macht: sich vom Mikrofon wegbewegen, und trotzdem wird die Stimme lauter. Er ist ein grandioser Gitarrist, aber als Sänger mindestens genauso gut. Er bat mich, ihn zu produzieren, aber ich sagte ihm, daß ich das nicht könne; ich könne ihm aber einen Song schreiben. Er ist ein großer Mann, in jeder Hinsicht. Viel größer als wir: großherzig, alles umarmend. Statt daß wir beim Filmen dafür sorgten, daß er sich wohl fühlte, war's eher andersrum. Bei *When Love Comes To Town* zwinkerte ich nervös mit den Augen, weil ich versuchte, mich an den Text des Songs zu erinnern. Ich hatte ihn erst eine Stunde, bevor ich B.B. traf, geschrieben. Er war als Antwort auf seine Musik gedacht. Ich wollte über Erlösung und den Blues schreiben, aber ich hatte keine Ahnung, was der Song bedeutet, bis er's mir erklärt hat. Es ist toll, solche Leute zu treffen. Man hält uns immer für Ego-Maniacs, wenn wir mit Dylan oder Keith Richards spielen oder den Namen Billi Holiday benutzen. Dann heißt es: ‚Wie können die es wagen, *Helter Skelter* zu spielen?' Nicht weil wir uns damit wichtig machen wollen – wir sind einfach große Fans dieser Leute. Wir haben das nie so recht gemerkt, aber heutzutage gibt's weniger und weniger, auf die man wirklich stehen kann. Ich hoffe, daß das, was sie ausmacht, ein bißchen auf uns abfärbt, aber das heißt ja nicht, daß wir wie die Beatles werden wollen. Es wird uns ein bißchen verändern – aber bloß weil unsere Platten Nummer eins werden, lehnen wir uns nicht selbstzufrieden zurück. Mit U2 geht es jetzt erst richtig los. Die Leute denken, wir wären ganz oben – wir fühlen uns aber ganz unten. *Helter Skelter* erzählt dir dasselbe, darum haben wir den Song gespielt. Früher haben wir ihn in einem Medley mit einer chronisch schlechten Version von *Help* gebracht, weil wir fanden, daß das die beiden Knackpunkte der Beatles sind: einmal Lennon, einmal McCartney, der brutale Gegensatz. Unsere Idole haben inzwischen alle Falten im Gesicht: Wir mögen Johnny Cash, Waylon Jennings und Willie Nelson, Bob Dylan... Zu denen blicken wir bewundernd auf."

Noch jemanden vergötterte Bono eine Zeitlang geradezu. „Aislinn, Edges Frau, nahm Edge und mich mal mit in David Lynchs Film ‚Blue Velvet', der mich wegen seiner vielen Extreme faszinierte", erzählte er 1988 in einem Interview. „Und irgendwie ging mir danach der Roy-Orbison-Song *In Dreams* nicht mehr aus dem Kopf. Schließlich setzte ich mich hin und versuchte, ein Lied in der Tradition von Roy Orbison zu schreiben. Daraus wurde ein Stück namens *She's A Mystery To Me*. Am nächsten Tag ging ich ins Wembley-Stadion zum Soundcheck, und ich schwärmte allen dort vor, was für eine tolle Stimme dieser Orbison habe und daß sie unbedingt alle seine Platten anhören sollten. Ich nervte sie alle, bis sie wahrscheinlich schon dachten, ich sei vollends übergeschnappt. Wir absolvierten also unser Konzert – und kaum war die letzte Zugabe gespielt, saß ich auch schon wieder in der Garderobe und klimperte meinen ‚Orbison-Song'. Plötzlich ging die Tür auf, und der Konzertveranstalter sagte: ‚Hey, Bono – draußen steht Roy Orbison. Hast du Lust, ihn kennenzulernen?' Und so saß ich da mit weit aufgesperrtem Mund, während Orbison hereinschlurfte und sagte: ‚Mann, ich bin ein sehr gefühlsbetonter Mensch. Ich habe keine Ahnung, warum mir eure Show gefallen hat – ich weiß nur, daß sie mir gefallen hat.' Und ich sagte ihm, daß es mir mit einem seiner Songs genauso gegangen sei – und dann spielte ich ihm *She's A Mystery To Me* vor. Er hörte sich das Stück an und sagte, er würde es gerne aufnehmen."

Ebenfalls ein Idol der U2-Musiker: Van Morrison. Bono: „Morrison hat Seele. Seele wie die alten Soulsänger. In der neueren Musik sehe ich so wenig von dem alten Geist. Alle haben Angst, etwas zu sagen. Also sagen sie lieber nichts oder ergehen sich in Platitüden. Viele Musiker benutzen Soulmusik-Elemente, aber es ist nur eine Maske. Versteckspiel, denn sie geben nichts von sich. Aber nimm Marvin Gaye - er schreibt über seine Scheidung, er singt von seiner Welt, er vermittelt eine innere, eine erlebte Wahrheit. Und das ist Soulmusik: sein Inneres nach Außen kehren. Es reicht nicht, wenn man nur von seiner Vorliebe für Tamla Motown faselt. In den 80ern ist es so üblich, Stil mit Substanz zu verwechseln. Viele Musiker sind heute nur noch hübsche Kleiderständer. Stil hat für sie nichts mit Persönlichkeit zu tun. Stil wurde durch sie und für sie zu einer Zwangsjacke. Damit habe ich nichts am Hut, von mir hörst du nicht: U2 ist die Sache. Wir sind nämlich gerade erst dabei, unsere Instrumente zu begreifen. Wir wissen, was wir wollen, aber wir gehen nicht davon aus, daß alle anderen das auch wissen."

„Wir wärmen Leute wie Dylan oder B.B. King nicht auf, indem wir mit ihnen spielen oder Songs schreiben", wehrte sich Bono in einem der zahlreichen Interviews zum Faible von U2 für altgediente Musikerkollegen. „Wenn überhaupt, dann wärmen sie uns auf. Die Popmusik von heute ist so abgeschlafft, verkrüppelt und runzlig, dagegen haben diese Leute echte Falten im Gesicht, die haben echt gelebt und sind großartige Schreiber."

Aus all den verschiedenen Einflüssen aus Blues, Gospel und Rock'n'Roll und aus stilistischen Anregungen, die sie sich bei den verschiedensten Kollegen holten, formten U2 in der zweiten Hälfte der 80er Jahre ihre Songs. 1987 sagte Bono zur Zeitschrift SOUNDS: „Ich bezeichne U2 gerne als Mischung aus der Seele der Dubliners und dem Geist eines Luke Kelly. Dieser Luke Kelly hat mich als Sänger stark beeinflußt. Ich bin mit seinen Songs aufgewachsen, und ich singe sie manchmal heute noch, weil sie es einfach wert sind, gesungen zu werden."

Und dann erzählte er dem Magazin FACE 1988 von einer völlig anderen musikalischen Spurensuche: „In Afrika habe ich ein paar Stämme aufgenommen, die Talking Drums auf Blechbüchsen spielten, mit schwingenden Metallstreifen. Die wildeste Musik, die man sich vorstellen kann. Dann saß ich irgendwann abends hackevoll am Sunset Strip in L.A., und ein Typ mit Ghettoblaster kam vorbei: Das hörte sich ganz genauso an – ich dachte, ich wäre mitten in Äthiopien. Das ist doch Ironie: Die schwarze Musik kommt aus Afrika und wird ihrer Rhythmen beraubt – in Amerika wird sie zu Blues und Gospel, die wiederum den Rock'n'Roll hervorbringen, was sie eine Zeitlang zur Musik des weißen Mannes macht. Der nimmt sie mit in seine Studios, sie wird technisch immer ausgefuchster... Synthesizer, Drum-Maschinen, was du willst. Und dann kommen plötzlich schwarze Ghetto-Kids und spielen Rap. Du hörst das heute auf dem Sunset Boulevard, und es klingt so ursprünglich wie vor 200 Jahren in Nordafrika. Erstaunlich, daß ausgerechnet die moderne Technologie die primitive Reinheit der afrikanischen Musik zu neuem Leben erweckt hat."

„Die Musik von U2", sagte er einmal, „scheint irgendwie Räume zu fullen. Es ist keine Stadtmusik – es ist Musik für Hügel, Flüsse und Berge. Und vielleicht paßt sie deshalb sogar eher in ein großes Stadion als in einen kleinen Club."

Das deckte sich auch mit der grundsätzlichen Hoffnung, die Bono 1987 in einem Interview mit dem NEW MUSICAL EXPRESS mit den Songs von U2 verband: „Die Musik der 60er Jahre, mit der ich aufgewachsen bin, war Teil einer Bewegung, die möglicherweise mitgeholfen hat, den Vietnam-Krieg zu beenden. Und ich wüßte nicht, warum die heutige Popmusik nicht Teil einer ähnlichen Bewegung sein könnte. Ich habe immer daran geglaubt, daß Musik etwas verändern kann. Nicht wie ein Blitz aus heiterem Himmel, der auf ganz melodramatische Weise aus jemandem einen besseren Menschen macht. Aber die Musik kann Teil eines positiven Protests sein. Wir sollten ab und zu über den Tellerrand dieser politischen Links-Rechts-Kategorien hinausblicken, weil die politischen Ideologien, die irgendwann um die Jahrhundertwende erfunden wurden, heute nicht länger als Maßstab taugen. Es gibt ganz neue Probleme auf der Welt, und wir brauchen für sie auch neue Lösungsansätze."

Und: „Tutti Frutti und Bebop a lula – alles wunderbar. Ich liebe Rock'n'Roll, ich liebe Tamla Motown. Aber der Spaß an der Sache ist nur ein Teil, der andere Teil ist, wenn du so willst, die Botschaft. Musik hat mich verändert."

Doch, so fragte FACE 1988, was sah Bono, wenn er einen Blick auf die aktuellen Hitparaden warf? „Dann sehe ich nur Designer-Rebellion, die gestylte Kunst-Szene oder Grufties in Sack und Asche. Ich hasse es echt, wenn Leute zum Beispiel so tun, als seien sie heroinsüchtig. Völlig bescheuert, wenn man an die Realität denkt, in der mancher täglich leben muß. Das sind alles Mittelklasse-Kinderchen, die nur so tun, als ob. Verglichen mit Ray Charles, mit B.B King – der aus dem Ghetto kam und von Memphis nach Chicago ging – oder mit Quincy Jones, der sich

schon als Teenager mit Billy Holiday und Charlie Parker rumtrieb, wirken die alle so nachgemacht. Willie Nelson etwa ist für mich als Typ wesentlich interessanter als Leute unseres Alters. Ich bin mit progressivem Rock aufgewachsen: Hendrix, Cream und The Who – wobei ich damals wahrscheinlich bloß auf die Gewalt in der Musik stand. Diese Musik hat etwas in mir freigesetzt. Was auch immer Pete Townshend damals gesucht hat – jetzt suche ich es. Inzwischen interessiere ich mich allerdings nicht mehr für Teenie Musik oder für sex on the back seat of a Cadillac."

Die Musik von U2 änderte sich – und damit erledigte sich auch ein Problem von selbst, das U2 allmählich ein wenig zu schaffen gemacht hatte. „Mit dem größer werdenden Erfolg von U2 gab es auch immer mehr Kopisten", klagte Bono 1987 gegenüber ME/SOUNDS. „Es ist schon vorgekommen, daß Edge im Proberaum einen Gitarrenpart spielte und dann plötzlich sagte: ‚Hm, nein – das kann ich nicht verwenden, das klingt zu sehr nach U2.' Und wir sagten:, He, Edge, hör mal! Wir sind U2.' Aber er hatte irgendwie recht: Der typische U2-Sound wurde so etwas wie eine Zwangsjacke. Früher haben wir es uns selbst verboten, fremde Einflüsse wahrzunehmen. Nachdem dieser Zwang aufgehoben war, wurde uns klar: Edge muß nicht sein typisches Stakkato bringen, damit es nach U2 klingt. Ich muß nicht unbedingt weiße Flaggen schwenken, damit's nach U2 aussieht. Es geht nicht um die Instrumente, die wir spielen, und die Art, wie wir sie spielen, sondern um uns als Menschen."

Mit der Musik von U2 änderte sich auch der Stil ihrer Texte.

Noch 1984 sagte The Edge: „Worte sind ein sehr beschränktes Medium. Ich glaube nicht, daß es für uns wichtig ist, eine konkrete Aussage in unsere Texte zu packen. Diese Dinge werden am besten durch unsere Musik deutlich." Und Bono meinte im selben Jahr: „Ich benutze Worte oft nicht wegen ihrer Bedeutung, sondern wegen ihres Klangs oder ihrer Wechselwirkung mit anderen Worten. Mich interessiert an einem Text mehr das erzeugte Gefühl als die konkrete Aussage im Detail. Manchmal habe ich einfach Lust, ein paar Sätze unter die Leute zu werfen und zu beobachten, was mit ihnen passiert. Aber mit der Zeit, glaube ich, werde ich wohl zu einem Gleichgewicht zwischen der Atmosphäre eines Songs und seiner konkreten Aussage finden."

Drei Jahre später schien Bono diesem Gleichgewicht näher gekommen: „*The Joshua Tree* ist möglicherweise die bisher literarischste U2-Platte. Aber literarisch in einer sehr grundsätzlichen Art und Weise. Viele moderne US-Schriftsteller – vor allem die aus den Südstaaten – neigen dazu, in einer sehr direkten Sprache zu schreiben. Und sie verwenden eine Bildersprache, wie sie auch in der Bibel häufig vorkommt. Und als jemand, der die Bibel gelesen hat, finde ich einen solchen bilderstarken Stil sehr aussagekräftig. Es werden sehr einfache Gleichnisse und Bilder verwendet – und darin kann sich jeder leicht wiederfinden. Und das erleichtert es dir auch, eher komplizierte Sachverhalte oder aktuelle Mißstände nachvollziehbar zu schildern."

Und während die veränderte Form von Musik und Text die Songs von U2 immer „erwachsener" wirken ließ, legten die Musiker eine sympathische Naivität an den Tag, wenn es etwa darum ging, das Gefühl beim Hören eines selbstkomponierten Hits zu beschreiben. „Das muß man sich mal vorstellen", staunte Bono 1985: „Da klimperst du im stillen Kämmerlein auf Gitarre oder Klavier ein paar Akkorde, packst in einen Text dazu alles hinein, was dir zu sagen einfällt – und wenig später dröhnt das überall auf der Welt aus den Radiogeräten, und die Leute in der Straßenbahn singen eine Melodie mit, die dir irgendwie einfach so eingefallen ist. Wie faszinierend dieser Gedanke ist, wurde mir erst in letzter Zeit einigermaßen klar."

Und The Edge zeigte in einem Interview mit dem NEW MUSICAL EXPRESS im Frühsommer 1985 religiöse Anwandlungen, um das Verhältnis von Musikern und Musik bei U2 zu beschreiben: „Ich denke nie, daß da draußen vor der Bühne 20 000 Leute stehen, um mir und meiner Arbeit zu applaudieren. Und ich sehe die Musik, die wir spielen, auch nicht als unsere Musik. Die Noten oder die Worte gehören uns ja im Grunde nicht. Ich finde, wir wurden mit musikalischem Talent beschenkt – und alle Musik, die wir schreiben oder spielen, ist eigentlich allein das Verdienst dieses Geschenks. So gesehen, sind wir natürlich auch fein raus, wenn wir mal Mist spielen... Vielleicht sollten wir schreiben: Verwechselt Bono nicht mit Gott!"

U2 - THE BAND THAT MADE IT HAPPEN!
LARRY, NO ONE WANTS BAD VIBES!
I TRIP THROUGH YOUR WIRES
DINNER
WE NEVER LEARN
15.8.88
WHERE ARE YOU?
SI 4150

MILLENIUM YEAR
21-10-88
'GIG' - DINNER DEREK -
COME BACK SOON
SIN É SIN ANOIS

...studio :

„Als die schlimmste Zeit empfinde ich es immer, wenn wir eine neue Platte produzieren", erzählte Adam Clayton dem Magazin MELODY MAKER im November 1984. „Das bedeutet Monate intensiven Arbeitens. Monate, in denen deine Begabung als Musiker ständig in Frage gestellt wird, in denen du ständig versuchst, über die Grenzen dessen hinauszugehen, was du kannst. Das kann einen schon ganz schön schlauchen! In dieser Hinsicht war die Produktion von *October* bisher das absolut Härteste – die Arbeit an dieser Platte warf mich für gut ein Jahr völlig aus der Bahn. *The Unforgettable Fire* ist mir da in viel angenehmerer Erinnerung: Die Produktion dieser LP war zwar nicht weniger diffizil als die von *October*, aber irgendwie überstand ich die Aufnahmen diesmal recht gut."

Mit „diesmal" war die Arbeit am Album *The Unforgettable Fire* gemeint – und an der Tatsache, daß die Produktion vergleichsweise angenehm verlief, hatte der neu zu U2 gestoßene Produzent Brian Eno sehr großen Anteil.

Dabei war es zunächst nicht einmal so furchtbar wahrscheinlich, daß sich Eno für die Zusammenarbeit mit U2 bereit erklären würde. Adam Clayton: „In den vergangenen Jahren hat wohl jede Band in Großbritannien Brian Eno angerufen und ihn gefragt, ob er nicht ihre neue Platte produzieren wolle. Aber akzeptiert hat er nur unser Angebot. Also ist die Frage nicht: Warum wollten wir mit ihm an unserer neuen Platte arbeiten? Sondern: Warum wollte Eno mit uns arbeiten? Mit dieser kleinen, pathetischen Rock'n'Roll-Band aus Dublin, die seit *Boy* keine brauchbare Platte mehr zustande gebracht hatte."

Bono stellte 1984 dem NEW MUSICAL EXPRESS gegenüber seine eigene Vermutung darüber an, warum Brian Eno überhaupt zusagte: „Eno hat sich in den vergangenen drei Jahren nichts als Gospelmusik angehört. Und das hat ihn indirekt auch dazu bewogen, sich für unsere Songs zu interessieren: Ihm gefiel die Hingabe, mit der wir unsere Stücke spielen. Irgendwie kann ich diese Parallele zwischen Gospel und unserer Musik schon verstehen. Viele Leute reden von einer gewissen Spiritualität der Band – etwas, von dem ich glaube, daß es sonst vor allem in der ‚schwarzen Musik' existiert. Durch Enos Hilfe entdeckten wir diese Spiritualität neu, wir faßten neues Vertrauen in unsere Fähigkeiten als Gruppe. Und ich empfand, daß die Atmosphäre während der Produktion dieser LP mit irischer Tradition im Sinne des Schriftstellers James Joyce zu tun hatte. Bei ihm heißt es sinngemäß: Wenn du entspannt bist, legst du all deine Hemmungen ab. Und die Atmosphäre im Studio war sehr entspannt."

Und The Edge erklärte wenig später, warum für eine solche Atmosphäre ausgerechnet Eno notwendig war: „Seit wir zum ersten Mal daran dachten, gemeinsam eine Band zu gründen, haben wir sehr aufmerksam verfolgt, was Brian Eno musikalisch so alles machte. Damit meine ich nicht nur seine Arbeit als Produzent für die Talking Heads oder David Bowie, sondern auch seine Soloplatten. Und davon haben mich wiederum vor allem die älteren sehr beeindruckt – die LP *Before And After Science* zum Beispiel. Ich kaufte mir die Platte und war anfangs von dieser Musik völlig verwirrt. Aber nachdem ich die Platte ein paar Mal aufmerksam durchgehört hatte, fesselte mich Enos Musik immer mehr. Wie er mit Strukturen umgeht und mit verschiedenen Instrumentierungen spielt – das anzuhören macht mir auch heute noch viel Spaß. Und wir haben auf unseren bisherigen Platten immer wieder einige seiner Arrangement- oder Produktionsideen aufgegriffen. Als wir beispielsweise an der LP *October* arbeiteten und gerade über dem Song *I Threw A Brick* brüteten, fiel mir ein, daß Eno für ein Stück auf *Before And After Science* mit Schlagzeug-Rhythmen, die er durch Echo-Effekte verfremdete, eine tolle Atmosphäre erzeugt hatte. Ich holte also die Platte ins Studio, und unser Produzent Steve Lillywhite und wir Musiker versuchten, bis spät in die Nacht einen ähnlichen Sound zustande zu bringen. Wir schafften es – und dieser Klang gab unserem Song tatsächlich den richtigen Schliff. Als wir dann für das Album *The Unforgettable Fire* noch einen Produzenten suchten, fiel ziemlich schnell Enos Name."

Links noch einmal das Windmill-Studio von U2 in Dublin, rechts oben das etwas weniger poppig wirkende Slane Castle.

Produziert wurde die LP unter anderem in Slane Castle, einem Schloß in der Nähe von Dublin. Den Titel des Albums, *The Unforgettable Fire*, borgten sich U2 von einer japanischen Ausstellung, die Fotos aus den durch Atombomben zerstörten Städten Nagasaki und Hiroshima zeigte. Die vier Musiker hatten sogar versucht, für diese Ausstellung eine interessierte Galerie in Dublin zu finden. *The Unforgettable Fire* sollte außerdem eine Anspielung auf die zerstörerische Wirkung von Heroin sein, an der einige Freunde von Bono zerbrachen.

Bono: „Wenn dein Freund ein Junkie wird, hört er auf, dein Freund sein zu wollen. Er kapselt sich von dir ab, geht dir aus dem Weg und wehrt sich gegen die Hilfe, die du ihm geben willst. All diese Erfahrungen haben mehr Einfluß auf das Album *The*

Unforgettable Fire gehabt, als die Leute je erfahren werden."

Entsprechend düster, mahnend und unheilschwanger wirkt denn auch das Cover des Albums: Zu sehen ist eine Burgruine in Schwarzweiß – übrigens nicht Slane Castle, auch wenn das inzwischen ebenfalls abbrannte. The Edge: „Diese Ruine auf dem Cover steht für das Ende eines Zeitalters. Da fällt mir das britische Empire ein, die ganze westliche Welt. Die goldenen Zeiten sind vorüber. Und was uns an dieser Entwicklung interessiert, sind der verblassende Glanz und das neue Leben, das sich in diesen Ruinen regt."

„Als wir uns", erzählte Adam kurz nach Veröffentlichung der LP, „an die Produktion unserer neuen Platte machten, wußten wir, daß wir es uns leisten konnten, musikalisch einige Risiken einzugehen. Schon die Tatsache, daß sich Eno uns anschloß, machte allen deutlich, daß wir mit einem ganz neuen Geist an die Produktion herangingen. Und dieser Geist war folgender: ‚Okay', sagten wir uns, ‚wir proben unsere neuen Songs vor der Produktion, so gründlich es geht – aber wir sind auch für alles Neue offen, das während der Aufnahme im Studio mit diesen Stücken oder mit uns passiert.' Zunächst wurde diese Einstellung, so gut sie sich im Endeffekt auch auf die Platte auswirkte, zu einem Problem – denn wir hatten plötzlich eine Auswahl von 25 fertig arrangierten und einstudierten Songs. Wir hielten es anfangs für gut, eine derart große Auswahl zu haben, aber allmählich entpuppte es sich als ungeheuer schwierig, aus all diesen Titeln die richtigen auszusuchen."

Nur – wie sollten die Musiker ihr Repertoire an neuen Songs im Zaum halten, wenn ihnen die Stücke zum Teil regelrecht aus dem Ärmel purzelten? Bono: „*Elvis Presley And America* wurde innerhalb von nur fünf Minuten eingespielt. Eno drückte mir ein Mikrofon in die Hand und wollte, daß ich aus dem Stand zu einem Stück Musik sang, das er vorwärts, rückwärts, zu langsam und was weiß ich wie sonst noch abspielte. Und ich fragte: ‚Einfach so? Jetzt, sofort?' ‚Einfach so – ja', sagte er. Und ich sang, und plötzlich fielen mir ganz tolle Melodien ein. Nach ein paar Minuten, während deren ich zu der Tonbandspur ein wenig ins Mikrofon improvisiert hatte, war ich ganz aus dem Häuschen und sagte zu Brian: ‚Mann, ich kann es kaum erwarten, den Song endlich richtig aufzunehmen. Können wir das nicht gleich machen?' Und Brian grinste nur und antwortete: ‚Was heißt hier richtig aufnehmen? Der Song ist fertig – ich habe mitgeschnitten.'"

Ähnlich begeistert von der Produktion unter der Fittiche von Brian Eno zeigte sich Edge: „Ein gutes Beispiel für eine gelungene Arbeit im Proberaum oder im Studio ist ein Song mit dem Titel *Be There*, den wir bisher noch nie für eine Platte aufgenommen hatten. Eines Tages schnappte ich mir eine Gitarre und spielte einen ganz normalen E-Akkord. Aber mein Roadie hatte die Gitarre völlig falsch gestimmt, und so wurde aus dem simplen E-Dur irgendein furchtbar komplizierter und schräger Akkord. Und der wiederum inspirierte Bono auf Anhieb zu einer Melodie. Dann probierten Larry und Adam ein bißchen zu diesem Akkord herum, und plötzlich war ein komplettes Lied entstanden. Selbst der Text lag Bono auf einmal wie von selbst auf der Zunge – das war schon bemerkenswert. Diese Momente sind natürlich äußerst selten, aber Produzenten wie Brian Eno oder Daniel Lanois schnappen solche Glücksfälle während einer LP-Produktion sofort auf. Die beiden spüren sofort, wenn etwas Besonderes in der Luft liegt, und lassen es in die laufende Arbeit einfließen. Auch *4th Of July* illustriert sehr gut, was ich damit meine: Adam und ich hatten uns in einen Raum in Slane Castle zurückgezogen, spielten ein paar zusätzliche Tonbandspuren ein und versuchten dies und das. Brian hatte sich einige Einstellungen für die Effektgeräte aufgeschrieben, um sie für den Gesang zu verwenden. Und nur so aus Spaß hängte er das Effektgerät an meine Gitarre. Wir nahmen eine Passage auf, und sie klang verdammt gut. Später nahmen wir das ganze Stück auf – diesmal auf ein normales Tonband – und fanden die so entstandene Version des Songs derart gelungen, daß wir den Song gar nicht mehr auf der großen Studiobandmaschine aufzeichneten, sondern gleich die live eingespielte Version für die Platte verwendeten."

Bono: „Als Eno für die Produktion von *The Unforgettable Fire* zu uns stieß, sagte er irgend etwas über ‚augenzwinkernd gespielten Rock'n'Roll' – und daß der Rock'n'Roll längst eine Parodie seiner selbst geworden sei, die nur noch dann akzeptiert würde, wenn sie eben mit einem Augenzwinkern gespielt werde. Das Problem des Rock'n'Roll ist, glaube ich, daß es eine Musik der Weißen ist – das ist wie eine Zwangsjacke. Diese Zwangsjacke muß zerrissen werden, so wie wir das für uns und unsere Musik bereits getan haben."

Hatten die Musiker – bei soviel spürbarer Freude über die im Studio geleistete Arbeit – nicht Angst, durch die endgültige Abmischung der Songs gehe ein Teil der erzielten Spontaneität wieder verloren? „Im Grunde ist das Abmischen einer Platte eine ziemlich unkomplizierte Sache", meinte Adam 1987 in einem Gespräch mit dem NEW MUSICAL EXPRESS.

Dabei spielte er nicht nur auf *The Unforgettable Fire* an, sondern auch auf *The Joshua Tree* – dieses Album war 1987 veröffentlicht worden, ebenfalls unter Mitwirkung von Brian Eno entstanden und zum Teil von Steve Lillywhite abgemischt worden. Adam: „Er veränderte ziemlich wenig. Steve Lillywhite war für uns in dieser Phase vor allem ‚ein unverbrauchtes Paar Ohren', und er sollte eben an einigen Stellen noch letzte Hand anlegen."

Mit *The Joshua Tree* machten U2 musikalisch einen deutlichen Schritt in Richtung Gospel. Bono: „Die Grundidee, nach der wir das Album *The Joshua Tree* aufnahmen, entspricht der Einstellung, die hinter einer Gospelgruppe steht. Wir wollten einen bestimmten Moment einfangen, die Atmosphäre eines Zimmers und der Leute, die sich darin aufhalten."

Entsprechend urwüchsig gingen die Aufnahmen vor sich. The Edge: „Wir nahmen alle Songs live auf, Bonos Gesang eingeschlossen. Und erst danach – wenn die grundsätzliche Struktur des Stücks live und in einem Rutsch eingespielt war – fügten wir noch einzelne Instrumente hinzu. Wir wollten erreichen, daß die einzelnen Titel ihren Charakter schon hatten, bevor wir uns an die Detailarbeit an der Bandmaschine machten, bevor wir noch hier und da zusätzliche Passagen einbauten. Wie genau wir mit den Instrumenten oder dem Gesang den Takt hielten, war uns nicht so furchtbar wichtig – wir fanden sogar, daß gerade einige der am ungenauesten gespielten Passagen die dichteste Atmosphäre hatten. *One Tree Hill* zum Beispiel strotzt vor Taktfehlern, aber das fällt dir nicht auf, wenn du nicht ganz konzentriert darauf achtest."

Für das Album *Rattle And Hum* gingen sie in dieser Hinsicht noch etwas weiter: „Es war, als hätte jemand die ganze Technik rausgeworfen. Da gab es nur Verstärker, Mikrofone und ein Stück Tonband", erinnerte sich Adam später an die Einspielung von *Angel Of Harlem* in den legendären Sun Studios in Memphis/ Tennessee.

Und Jimmy Iovine, als Produzent für die LP *Rattle And Hum* engagiert, lobte U2 nach Abschluß der Studioarbeit überschwenglich: „Die meisten Bands in den USA versuchen nur noch, ihre einmal erfolgreichen Video-Clips oder Singles ständig zu wiederholen – keiner hat ein großes Interesse daran, etwas Neues auszuprobieren. U2 haben den Mut, der schon große Bands wie die Stones oder The Who auszeichnete: Sie fordern sich immer wieder heraus, geben sich nicht mit dem Erreichten zufrieden. Bono zum Beispiel feilt an seinen Texten noch Sekunden, bevor der Song dann schließlich endgültig für die Platte aufgenommen wird."

...live :

„Lampenfieber? Dazu fällt mir eine gute Geschichte ein", erzählte Bono der Zeitschrift Melody Maker im November 1984. „Ich war mal vor einem Konzert irgendwo in Irland kurz auf der Toilette. Und wie ich mich so an der Rinne aufstellte, bemerkte ich, wie jemand hereinkam, sich hinter mich stellte und mich offenbar beim Pinkeln beobachten wollte. Der Typ wartete und wartete – und ich brachte zunächst keinen Tropfen heraus. Und als ich es schließlich doch noch geschafft hatte und den Reißverschluß zuzog, grinste mich der Typ an und sagte: ‚Na, Bono – Lampenfieber?'"

Bono Vox ist live der unumstrittene Mittelpunkt der Band. The Edge bearbeitet meist konzentriert seine Gitarre, Adam Clayton zupft seine Baßläufe, und Larry Mullen sorgt im Hintergrund für das rhythmische Rückgrat der U2-Songs. Und vorne, links, rechts, mal meterhoch über der Bühne im Lichtgestänge kletternd, mal sich beinahe die Schulter beim Sturz ins Publikum ausrenkend – Bono. Er macht die Show nicht nur, er *ist* die Show.

Zu verdanken hat er seine starke Live-Präsenz – so schilderte er es jedenfalls 1984 in einem Interview – der eigentlich völlig untauglichen Live-Band U2: „Ich hatte vorher gar nicht gewußt, wie schlecht diese Band auf der Bühne sein kann. In Sydney zum Beispiel kamen wir auf die Bühne – und spielten doch tatsächlich den Song *Gloria* in zwei unterschiedlichen Tonlagen. Und stellt euch vor: Adam, der offenbar taub ist in dieser Hinsicht, fiel dieses Debakel überhaupt nicht auf! Aber die Sache ist die: Wenn wir auf der Bühne schlecht drauf sind, wachse ich über mich selbst hinaus und werde regelrecht zum Rock'n'Roll-Verrückten. Paul Morley vom New Musical Express besuchte einmal ein Konzert von uns in Dublin, und die Band spielte fürchterlich an diesem Abend. Und nachdem ich alle Zuschauer auf die Bühne gerufen und anschließend die Verstärkertürme um uns herum eingerissen hatte, verschwand ich hinter der Bühne und zog mir in meiner

Verzweiflung eine Papiertüte über den Kopf. Wenig später kam Morley zu mir in die Garderobe, war völlig außer sich und rief ständig: ‚Bono – das war überirdisch!' Bis dahin hatte ihm noch keines unserer Konzerte gefallen…"

Manchmal mußte Bono allerdings für seine Show-Einlagen auch herbe Kritik einstecken. Zum Beispiel seine Angewohnheit, auf der Bühne eine weiße Flagge zu schwenken, die er Anfang der 80er Jahre nach Kräften pflegte, wurde auf so vielerlei Art interpretiert und aus ebenso vielerlei Gründen als unpassend empfunden, daß Bono bald liebend gerne jede Gelegenheit nutzte, die Symbolik zu erklären – wie im November 1984 im Gespräch mit der Zeitschrift MELODY MAKER: „Das waren alles symbolische Gesten. Nichts weiter. Ich hatte dieses Flaggezeigen in aller Welt mit all diesem Grün und Weiß und Orange satt, ich konnte den Union Jack oder das ewige Stars & Stripes nicht mehr sehen. Ich dachte mir, es müßte doch möglich sein, all diese Farben und Muster von den Flaggen zu wischen und am Ende für alle nur noch eine weiße Flagge zu haben. Ich hatte das Gefühl, daß es vielen anderen ebenso ging wie mir."

Und 1985 rief Bono während eines Konzerts: „Es wurde schon viel zuviel im Namen irgendwelcher Flaggen gekämpft! Und wer gekommen ist, um zu kämpfen, ist im falschen Konzert! Wer weiß: Vielleicht haben wir irgendwann einmal alle dieselbe Flagge."

Aber auch ohne Flagge ging ihm immer wieder der Gaul durch. Einmal, während eines Konzerts im Phoenix Park in Dublin, wurde Bono gegen einen Ordner handgreiflich. Erst Bonos Vater, der reaktionsschnell auf die Bühne kam, konnte seinen impulsiven Sprößling wieder beruhigen.

„Manchmal", sagt Bono, „verliere ich während eines Konzerts die Kontrolle über mich. 1983 in San Bernadino/USA kletterte ich während eines Festivals mal den ganzen Bühnenaufbau hinauf und balancierte dann – es kommt mir heute vor, als wären es 40, 50 Meter bis hinunter zur Bühne gewesen

– oben auf dem Gerüst hin und her. Als ich mir später die TV-Aufzeichnung anschauen wollte, konnte ich gar nicht hinsehen – ich bin nämlich nicht schwindelfrei und habe normalerweise eine Scheißangst vor großen Höhen."

Das Gute an Bonos Bühnen-Temperament: Auch ein kräftiger Dauerregen nimmt dem Iren nicht die Lust an der Show. Im Gegenteil: „Gerade solche Widrigkeiten wie schlechtes Wetter sind es manchmal, die ein gutes Konzert ausmachen. Das haben wir während der Produktion unserer Platten gelernt: Etwas wird erst richtig gut, wenn du lernst, alle möglichen Zwischenfälle für die Spontaneität eines Projekts zu nutzen."

Wie in Paris. Dort traten U2 Mitte der 80er Jahre in einem riesigen Zelt auf, umgeben von Fabrikruinen. Den ganzen Abend hindurch regnete es in Strömen. Der Boden war nach kurzer Zeit völlig aufgeweicht, die Keyboards von The Edge streikten zwischendurch, und seine Gitarren waren hoffnungslos verstimmt. Dennoch brachten U2 ein sehenswertes Konzert zustande, und irgendwann gegen Ende des Auftritts sagte Bono mit einer Mischung aus Stolz und Enttäuschung ins Mikrofon: „Leute – diese Band und dieses Publikum hätten etwas Besseres verdient als diesen Platz…"

Auch Probleme mit dem zum Teil ziemlich aufreibenden Leben während ihrer ausgedehnten Tourneen scheinen U2 nicht so sehr zu belasten wie viele andere Musiker. Bono: „Wir verließen die Schule alle ohne eine richtige Ausbildung. Was wir von der Welt wissen, haben wir auf Tourneen gelernt. Mir stinkt es gewaltig, wenn in irgendwelchen Tourneeberichten ständig über den Tour-Streß berichtet wird, unter dem wir angeblich stehen. Ich liebe es, wenn ich aus dem Busfenster schaue und draußen die Skyline einer Stadt wie Denver/Colorado sehe – oder die Landschaft zwischen Edinburgh und Glasgow."

Und Adam fügte hinzu: „Wir möchten gerne für so viele Leute wie möglich im Konzert zu sehen sein. Früher haben wir die Nachfrage an Eintrittskarten nie befriedigen können, und die Schwarzmarktpreise kletterten pro Ticket bis auf 150 Pfund. Deshalb traten wir im Croke Park in Dublin zweimal hintereinander auf – nicht, weil wir unbedingt zwei ausverkaufte Shows hintereinander haben wollten, sondern weil wir fanden, daß jeder, der das wollte, uns in unserer Heimatstadt live gesehen haben sollte."

Und doch: „Ich kann gut verstehen, wenn Musiker fast durchdrehen während einer Tournee", sagt The Edge. „Das Leben zwischen den Konzerten ist auch wirklich nichts für einen normalen Menschen – die Tage verlaufen irgendwie seltsam. Und irgendwann beginnst du, alles zu hinterfragen. Du stellst den Sinn deines Lebens in Frage – und am Ende erscheint dir alles skurril und abnormal, was zuvor jahrelang zu deinem Alltag gehörte."

Adam Clayton: „Gegen Ende der *War*-Tournee hatten wir die Auftreterei gehörig satt. Eine ganz gefährliche Phase – du findest, daß du deine ganzen Songs nun schon mehr als genug vor Publikum gespielt hast, und willst eigentlich nur noch deine Ruhe haben. Aber überall auf der Welt warten noch unheimlich viele Leute darauf, dich endlich live sehen zu können. Außerdem kann das alles ja wohl

schlecht darauf hinauslaufen, daß du schließlich nur noch in London oder New York vor riesigen Menschenmengen auftrittst – denn dort sehen sie alle naselang berühmte Bands auf der Bühne. Ich möchte auch in kleineren, etwas abgelegeneren Orten auftreten, auch wenn das manchmal zum Zeitproblem wird."

The Edge: „Tourneen tun uns dann nicht gut, wenn wir von den Konzerten musikalisch nicht mehr inspiriert werden. Aber mit der neuen LP *The Unforgettable Fire*

verhält es sich ganz anders – es ist eine riesige Herausforderung, diese Songs auf der Bühne nicht schlechter klingen zu lassen als im Studio. Und das bringt uns als Band einen großen Schritt weiter."

Mit der Zeit entwickelten die Musiker auch gewisse Mechanismen im Ablauf einer Tournee. So spielten U2 vor ihren Konzerten jahrelang immer dieselbe Musik: einen Song von den Simple Minds und *4th Of July* aus der U2-LP *The Unforgettable Fire*. Adam: „Wenn ich heute einen dieser Songs höre, dann schießt mir jedesmal der Gedanke durch den Kopf, ich müßte jetzt auf die Bühne und loslegen. Das ist wie bei den Pawlowschen Hunden."

Bono zu einem der größten Probleme, die Musikern während Tourneen zu schaffen machen: „Du gehst raus auf die Bühne und gibst für eineinhalb Stunden alles, was du an Power in dir hast. Und der Applaus, der danach zurückkommt, baut dich wieder auf. Aber manchmal ist mir das alles zu unpersönlich, und ich muß nach einem Konzert mit einigen der Leute im Publikum reden, um den Beifall an Gesichtern festzumachen. Wenn du das nicht tust, sitzt du hinterher in diesem leeren Raum, den ein Hotelzimmer nun einmal darstellt, und du hast den Eindruck, daß alles einfach so an dir vorbeirauscht. Ich habe mir von den anderen Bandmitgliedern schon einiges anhören müssen, wenn ich mir während der Tournee halbe Nächte mit irgendwelchen Telefonaten um die Ohren schlage. Und ich weiß schon, daß ich diese Telefoniererei einschränken sollte – aber wenn ein Konzert mal nicht so besonders interessant ausgefallen ist, bin ich derart frustriert, daß ich unbedingt mit jemandem reden muß, der mit diesem Konzert nichts zu tun hatte. Vielleicht ist dieser Anspruch zu hoch – aber ich finde, daß kein einziges Konzert jemals langweilig sein dürfte."

Ein Anspruch, den er gelegentlich auch auf ungewöhnliche Art und Weise zu vermitteln versucht: „Manchmal bist du vor Konzertbeginn in der Garderobe, und Larry dreht sich zu dir um und sagt: ‚Na ja, ein Gig wie jeder andere…' Und du packst ihn am Kragen und stößt ihn gegen die Wand und bleust ihm ein, daß genau dieser Gig im Moment deine einzige Existenzberechtigung ist."

So ist es nicht verwunderlich, daß U2 in den 80er Jahren zu einer der Bands wurden, die am häufigsten auf den Bühnen der Welt standen. Und die sich nicht zuletzt damit als eine der Supergruppen der 80er Jahre durchsetzten. The Edge: „Es scheint fast, als hätten wir die Strategie neu erfunden, uns als Band mit ungewöhnlich ausgedehnten Tourneen beim Publikum durchzusetzen. Die Verkaufszahlen unserer bisherigen Platten spiegelten nie den Erfolg wider, den wir in unseren Konzerten hatten – der finanzielle Erfolg der Plattenverkäufe war nie so groß, wie das gemeinhin angenommen wird. Zu den Konzerten dagegen kommen ständig immer mehr Leute – und darunter sind viele, die von unseren Shows durch Mundpropaganda gehört haben. Von denen kaufen sicher viele keine Platten von U2. Sonst hätten wir jedenfalls viel größere Auflagen absetzen können."

Die Auflagen ihrer Schallplatten wurden ja dann doch noch größer – und mit ihnen wiederum die Hallen und Stadien, in denen U2 auftraten. Nach anfänglichen Schwierigkeiten mit solchen Mammut-Spektakeln fanden die vier Musiker aus Dublin allmählich Gefallen an Konzerten vor zigtausend Fans. „Ich bin froh, daß wir durch

den Erfolg unseres neuen Albums endlich so weit gekommen sind", freute sich Adam 1987 im Interview mit dem Berliner Stadtmagazin TIP. „In kleinen Clubs können wir wieder spielen, wenn unsere Alben schlechter werden."

Und Bono? „Nürnberg zum Beispiel – das dortige Zeppelinfeld ist einer der Plätze, vor denen wir uns früher regelrecht gefürchtet haben. Wir hätten um Auftritte in solchen Riesenarenen am liebsten einen großen Bogen gemacht. Und heute? Es ist eigentlich ein Jammer, daß wir ausgerechnet dort einige unserer besten Konzerte gezeig haben. Ich erinnere mich an unseren ersten Auftritt in Amerika – im Mudd Club in New York. Schön klein war's da – und dann kamen nach dem Konzert einige Typen von einer Konzertagentur zu uns und sagten: ‚Das wäre im Madison Square Garden ein tolles Konzert gewesen.' Früher waren wir total gegen diese Stadien und Mammutplätze eingestellt. Das änderte sich bei mir erst, als ich Bruce Springsteen im Londoner Wembley-Stadion gesehen hatte. Heute genieße ich Auftritte in so großem Rahmen. Und trotzdem sind wir eigentlich keine dieser großen Rock'n'Roll-Bands, sondern eher eines der Gegenbeispiele für sie. Wir sind nach wie vor eine Garagenband – auch wenn wir die Garagen verlassen haben. Wir sind noch immer, was wir von Anfang an waren: die erste Band jener Generation, die bei den Sex Pistols und bei The Clash als Publikum vor der Bühne stand."

Während des Festivals Live Aid im Londoner Wembley-Stadion im Sommer 1985 verloren U2 ihre Scheu vor riesigen Zuschauermengen gleich so gründlich, daß sie kaum mehr zu registrieren schienen, wo sie sich befanden. „Unsere Live-Version von *Bad*", beichtete Bono dem Magazin SOUNDS 1987, „dauerte aus Versehen etwa sieben Minuten, weil ich von der Bühne aus jemanden gesehen hatte, der im Publikum regelrecht erdrückt wurde. Und ich wollte unbedingt zu ihm hinunterklettern. Das war als Geste gedacht, die irgendwie die ganzen Fans in die Show miteinbeziehen sollte – die ihnen zeigen sollte, daß sie mir so wichtig sind wie irgendeiner der Stars hinter der Bühne. Die Tage nach ‚Live Aid' verbrachte ich mit ziemlich tiefen Depressionen. Ich hatte mir den Filmmitschnitt angesehen, und ich fand, daß die ganze Szene fürchterlich wirkte und eigentlich nur völlig falsch verstanden werden konnte. Ich dachte schon: ‚Das war's, Bono. Jetzt mußt du die Band verlassen.' Ganz früher, als wir in Dublin auf dem Dandelion Market spielten oder in Belfast oder Cork, empfanden wir es als 16jährige widerwärtig, sich auf der Bühne vor anderen Jugendlichen als die großen Stars zu gebärden – wahrscheinlich hatte ich deswegen schon immer das Bedürfnis, von der Bühne ins Publikum hinunterzuspringen. Aber während des ‚Live-Aid'-Festivals wollte ich das gerade nicht tun. Ich dachte mir schon, daß das nicht gut wirken würde. Wie auch immer: Ich fuhr nach Live Aid tagelang nur ziellos durch die Gegend, wollte mit niemandem reden. Mir machte dabei aber nicht nur dieser Zwischenfall während des Konzerts zu schaffen – das Bewußtsein, daß auch während unseres Auftritts überall in Afrika Menschen an Unterernährung starben, ließ mich diesen ganzen Rock'n'Roll-Zirkus so durch und durch lächerlich empfinden. Als ich mich in den Tagen danach in der Gegend herumtrieb, traf ich in einem Ort namens Newcross einen Bildhauer, der etwa 50 oder 60 Jahre alt war. Er arbeitete an einer Bronzefigur. Er hatte sich ‚Live Aid' im Fernsehen angeschaut, und ein Gefühl, das ihm eine bestimmte Szene dieses Festivals vermittelt hatte, versuchte er, in dieser Figur festzuhalten. Er nannte die Figur ‚Der Sprung'. Und schließlich erfuhr ich, daß er mit der Szene eben jenen Zwischenfall meinte, der mir so sehr zu schaffen machte. Und ich dachte mir: Wenn ein Mensch von dieser Szene als Teil eines Rock'n'Roll-Konzerts so sehr beeindruckt sein kann, war meine ‚Einlage' vielleicht doch kein gar so großer Fehler. Und auch später erzählten mir immer wieder Leute, daß der Auftritt von U2 derjenige sei, der ihnen in der Erinnerung an ‚Live Aid' als erstes in den Sinn komme."

Nicht nur Bono staunt gelegentlich – auch The Edge wirkte vor einiger Zeit ratlos, als er gefragt wurde, welches Konzept denn hinter den Konzerten von U2 stehe: „Ich habe keine klare Vorstellung von dem, was wir durch unsere Bühnenauftritte erreichen wollen. Nur soviel: Ich fühle ganz vage, daß durch Konzerte negative Grundtendenzen etwas gemildert und Vorurteile und zwischenmenschliche Barrieren überwunden werden können. Und wenn es nur für die Dauer der Live-Show hält. Am tollsten würde ich es finden, wenn Leute, nachdem sie uns auf der Bühne gesehen haben, selbst eine Gruppe gründen würden. Während unserer letzten Tour holten wir immer wieder ein paar Fans auf die Bühne und brachten ihnen eine Passage aus dem Song *Knockin' On Heaven's Door* bei – nur, um ihnen zu zeigen, daß an dem, was wir ihnen im Konzert vormachen, nichts Geheimnisvolles ist. Daß der ganze Trick aus ein paar Akkorden und einer Melodie besteht."

COCA-COLA

...& hum :

„Der Massenerfolg, jeder Tag, der ihnen neue Fans, neue Triumphe bringt, scheint die Band zurück zu ihren Wurzeln zu treiben", freute sich das Stadtmagazin Tango, als der Konzertfilm „Rattle And Hum" in die deutschen Kinos kam. „Und es treibt sie noch weiter. Bono hat in den Staaten den Blues entdeckt." Will sagen: Während der Dreharbeiten zu dem Streifen (und damit während der damaligen US-Tournee) fanden Jam-Sessions mit Keith Richards, Chuck Berry, Bo Diddley und vor allem mit B.B. King statt.

Doch nicht nur den Blues „entdeckten" U2 in den USA. Für eines der Highlights sorgen die Iren, als sie den Song *I Still Haven't Found What I'm Looking For* in einer Gospelversion noch einmal mit dem amerikanischen Chor The New Voices Of Freedom aufnahmen. „Was mich am Gospel so fasziniert", sagte Bono in einem Interview mit der britischen Zeitschrift SKY, „ist die Tatsache, daß diese Musikrichtung so ungeschliffen wirkt. Es ist einfach, als würden da Menschen um ihr Leben kreischen. Schreie, die buchstäblich direkt aus ihrer Seele hervorbrechen. Das ist es, was mich anzieht."

Natürlich durfte auch das Thema Rock'n'Roll nicht in einem U2-Film fehlen, der in den Vereinigten Staaten spielt. So sind die Iren in „Rattle And Hum" bei der Arbeit in den berühmten Sun Studios zu sehen, in denen schon Carl Perkins, Jerry Lee Lewis und Elvis Presley ihre Klassiker aufnahmen. „Im Sun Studio aufzunehmen gab uns das Gefühl, Teil einer Tradition zu sein, die lange vor uns begann", schwärmte The Edge in einem Interview. „Heutzutage dominiert in den Aufnahmestudios zuviel Technik, die die Dinge kompliziert macht und dem Interpreten die Persönlichkeit nimmt."

Daß U2 mit der Musik zum Film „Rattle And Hum" ankamen, war schon klar, bevor der Streifen in den deutschen Kinos zu sehen war: Die gleichnamige LP führte Ende Oktober/Anfang November 1988 die Hitlisten in Deutschland, Kanada und Irland an, die Single-Auskopplung *Desire* stand in England und Italien auf Platz 1.

„Ich wollte", erklärte Bono dem Magazin SKY 1988, „für die Musik zu *Rattle And Hum* weg von dieser Bildersprache, wie wir sie für *The Unforgettable Fire* benutzt hatten. Jahrelang hatte ich all diese Textpassagen geschrieben, von denen ich sicher war, daß ich sie nie für U2 würde verwenden können. Ich konnte sie nie in einen Song einpassen. Sie waren zu kantig, zu schroff. Und wahrscheinlich suchte ich schon damals unbewußt nach einer neuen U2-Musik – nach einer Musik, für die ich solche Texte verwenden könnte. Außerdem fühlte ich mich die ganze Zeit hindurch irgendwie von der Tradition des Rock'n'Roll ausgeschlossen. Wenn mir zum Beispiel T-Bone Burnett auf der Gitarre einen seiner Songs vorspielte, mir dann die Gitarre rüberreichte und mich bat, nun einen Song von uns vorzuspielen, dann merkte ich, daß U2 eigentlich eher ein Orchester als eine Rock'n'Roll-Band waren. Du kannst dich nicht einfach hinsetzen und zur akustischen Gitarre eben mal ein paar Songs aus *The Unforgettable Fire* singen. Der

Wunsch, das zu ändern, künftig Songs auch auf eine ganz und gar traditionelle Art und Weise komponieren zu können, führte schließlich zu Stücken wie *Silver And Gold*."

„U2 sind purer als je zuvor", urteilte das schon erwähnte Hamburger Stadtmagazin TANGO. Und: „Was ‚Sign'O The Times' für Soul und Funk ist, wird dieser Film für den Rock werden: der größte Konzertfilm aller Zeiten." Die Zeitschrift POPCORN kürte das gleichnamige und gleichzeitig erscheinende Album zu ihrer „Platte des Monats": „Ein beeindruckender Rock-Marathon mit viel Power und Gefühl. Ein Album, das Maßstäbe setzt."

Der WIENER versuchte, dem Phänomen U2 auf den Grund zu gehen, und fand im Kern eines „nebulösen Woodstock" eine gefährliche politische Tendenz. „Der neue Faschismus", so wurde Bono („ein sündiger Irrer mit Charisma") zitiert, „wird mit einem warmen Händedruck kommen, mit Goldkrone und einem Lächeln." Darauf

der Kritiker: „Es mag einer Art von Betriebsblindheit zuzuschreiben sein, daß er nicht sieht, wie nah sich sein Stadiongroßrock, seine Rebellenpose, gepaart mit offensivem Katholizismus, selber am Abgrund zu einer neuen Form von Faschismus befindet."

Insgesamt waren die Kritiken eher zwiespältig. Das Hamburger Abendblatt befand: „Nicht mehr als ein gedehnter Video-Clip." Die Süddeutsche Zeitung kreidete dem Streifen zwar einige Schwächen an, immerhin gestand sie dem Film aber auch Pluspunkte zu. „Mit heiligem Ernst und schier grenzenloser Naivität", hieß es etwa zu Szenen mit U2 als Musikaltouristen auf den Spuren von Elvis und Bob Dylan, „nähern sich die Besucher dem amerikanischen Erbe der Popgeschichte. Wenn aber der dick gewordene, 62jährige B.B.King mit den Iren auf der Bühne steht, ist alle Peinlichkeit dahin: die Teenager-Idole von heute und der Star von gestern auf der Suche nach dem schwarzen Blues."

U2 selbst schienen „Rattle And Hum" fast als eine Karrierebilanz des ersten Jahrzehnts zu empfinden. „Als wir B.B.King trafen", erzählte Adam Clayton, „verstanden wir uns auf Anhieb, ohne daß etwas ausgesprochen werden mußte. Auch das ist ein Ergebnis von zehn Jahren Arbeit: Wir müssen uns nicht länger selbst beweisen."

Zehn Jahre U2 – da bot sich die Produktion von „Rattle And Hum" (als Filmtitel waren ursprünglich auch „U2 – The Experience" und „Freedom: Like A River" im Gespräch) natürlich auch als eine Art öffentliche Jubiläumsfeier an. U2 stellten eine Liste von Regisseuren zusammen, die für den Konzertfilm in Frage kamen – darunter so prominente Leute wie Oliver Stone, Martin Scorsese und Francis Ford Coppola. An Selbstvertrauen schien es dem Quartett jedenfalls nicht zu fehlen. Im Gegenteil: „Wir hätten sogar Gott gefragt, Regie zu führen, wenn wir geglaubt hätten, daß der Film das brauchen würde", lachte Bono. Den Job bekam dann schließlich doch ein vergleichsweise Namenloser: der damals 25jährige Phil Joanou, ständiger Mitarbeiter im Produktionsteam von Hollywoods Starregisseur Steven Spielberg – und erklärter U2-Fan.

Warum fiel die Wahl gerade auf ihn? Bono: „Wir brauchten jemand, der auch robust genug war, um das Tournee-Leben mit uns durchzustehen. Und ich bin sehr froh darüber, daß wir gerade ihn für den Job genommen haben – er hat den besten Film über uns gemacht, den man nur machen kann." Und dann grinste er und fügte hinzu: „Nur eines gefällt mir nicht an Phil – er sieht besser aus als ich..."

Anfangs dürfte ihm noch einiges andere nicht gefallen haben an dem jungen Regisseur. „Ich setzte", erzählte Joanou später in einem Interview, „vor allem tragbare Kameras ein – das drängte die Bandmitglieder in die Defensive, sie mußten mehr oder weniger tun, was die Kamera von ihnen verlangte. Und das war auch nötig, denn sie können sehr unangenehm und unkooperativ sein, wenn ihnen etwas auf den ersten Blick nicht paßt. Für eine Szene versuchte ich zum Beispiel Bono zu filmen, während er, begleitet von der 59th Street Blues Band, in der Chukka Board Lounge irgendwo in der Altstadt von Chicago sang. Bono bildete sich ein, ich würde durch meine Anwesenheit das Verhalten dieser Blues-Band verfälschen – also wollte er nur dann singen, wenn ich ganz ohne Scheinwerfer filmen würde. Meine Güte! Das war, als würdest du mit einer Super-8-Kamera in einem dunklen Keller nach einem Motiv suchen..."

Einmal wurde es dem geduldigen Phil Joanou dann doch beinahe zuviel. Im Gespräch mit dem New Musical Express erinnerte er sich im November 1988: „Nach einer Weile hätten wir uns am liebsten verprügelt. Diese Burschen haben sich nämlich zu Beginn unserer Zusammenarbeit einen Dreck darum gekümmert, wie mein Team und ich unsere Arbeit einigermaßen gut erledigen konnten. Wir verbrachten eine Woche in einem Hotel in Chicago, und die Musiker hatten sich in ihren Zimmern eingeschlossen und weigerten sich, mit uns zu arbeiten. Larry Mullen und Adam Clayton hatten mich – als ich sie immer wieder darauf ansprach – schließlich von ihren Leibwächtern rauswerfen lassen." Joanou sah aber auch das wohl einigermaßen gelassen: „Na ja, es war ihr Geld, das sie für uns ausgaben – und es war ihr Film, den wir drehen sollten." Er zuckte die Schultern. „Aber ich glaube, von den technischen Notwendigkeiten der Dreharbeiten hatten sie keinen blassen Schimmer…"

Schließlich einigten sich Joanou und die Band. The Edge formulierte die Bedingungen der Gruppe: „Wir werden nichts für den Film tun, was wir nicht auch ohne ihn getan hätten. Wir werden uns nicht bei nichtssagendem Gelaber filmen lassen. Und wir werden den Kameraleuten nicht vorspielen, was für fröhliche Menschen wir sind – das sind wir nicht."

Warum Phil Joanous Informationsgespräche mit der Band („Wovon soll unser Film eigentlich handeln?") Teil des Streifens wurden, wußte schon Ende 1988 keiner mehr so recht zu sagen, und stilistisch wurden Joanou Anleihen bei einem bekannten Kollegen vorgeworfen: „Die Amerika-Bilder des Filmers Joanou sehen aus, als wollte er Jim Jarmusch imitieren", schrieb die SÜDDEUTSCHE ZEITUNG.

Nach dem überwältigenden Erfolg der U2-Welttournee, die insgesamt drei Millionen Zuschauer sahen und die der Band 1987 allein durch die 50 Konzerte in Stadien und großen Hallen überall in den Vereinigten Staaten Einnahmen von sage und schreibe 35,1 Millionen Dollar einbrachte (wozu in Europa 17,5 Millionen Dollar und der Erlös aus dem Verkauf von weltweit mehr als 14 Millionen Exemplaren der LP *The Joshua Tree* kamen), war es offenbar höchste Zeit für ein filmisches Dokument dieser Größenordnung gewesen. In aller Welt waren die Live-Versionen der U2-Songs bejubelt worden. Und am Ende lobten sogar die Altmeister der Rock- und Bluesszene die vier Iren. Wie Eric Clapton: „U2", zitierte ihn Bild, „spielen ehrliche, solide Musik – Qualität eben. Das Publikum hat die kühle Videoclip-Musik satt."

U2 hatten – wohl um die Kontrolle über das Werk nicht aus der Hand zu geben – die finanziellen Mittel für die Produktion von „Rattle And Hum" selbst bereitgestellt. So war es nicht verwunderlich, daß Regisseur Phil Joanou (unterstützt von einem rund 120 Mitarbeiter starken Produktionsteam) seine 25 Kameraleute ständig vor allem auf Bono Vox, The Edge, Adam Clayton und Larry Mullen ansetzte. Aber daß ihm dabei ein eindrucksvolles Portrait der Band gelang, das die vier Iren nur im Rahmen des Erträglichen glorifizierte und sie zugleich als manchmal ziemlich ratlose Jungs auf der Suche nach einem musikalischen Weg für die kommenden Jahre zeigte, überraschte dann doch. Und das machte auch die Stärke des Films aus. „Die schnelle Mark lockte uns an diesem Projekt nicht. Wir möchten", sagte The Edge, „daß das Publikum sieht und hört, wie wir arbeiten und wie wir unsere Songs kreieren. Außerdem ist für uns die emotionale Einstellung, die wir der Musik gegenüber haben, sehr wichtig. Wir wollen, daß die Fans das sehen können."

Deshalb gaben sich U2 mit der Fertigstellung des Films auch mehr Mühe, als das für einen kommerziellen Erfolg des Streifens vermutlich nötig gewesen wäre. Von Februar 1988 an wühlten sich die vier Musiker in Dublin durch die 50 Kilometer Filmmaterial, die während der Tournee belichtet worden waren. Sie arbeiteten am Schneidetisch mit und feilten gemeinsam mit Joanou die Endfassung von „Rattle And Hum" aus.

„Zu diesem Zeitpunkt hatten sie mich wohl endgültig akzeptiert – und wir hatten einen wirklich guten Draht zueinander gefunden. Ich bin froh, daß sie es mir überließen, den endgültigen Filmschnitt nach meinen Vorstellungen durchzuführen. Ich mußte mich nicht mehr darum kümmern, ob sie wohl einverstanden waren, wenn ich für sie eher unangenehme Szenen oder irgendwelche politischen Aussagen mit in den Film nahm – für mich gehört all das einfach auch zu U2. ‚Rattle And Hum' hätte ebenso gut ein lächerlicher oder langweiliger oder technisch schlecht gemachter Film werden können. Die Musiker hätten mit erhobenem Zeigefinger von der Leinwand herunter auf ihre Fans einpredigen können. Für mich zählt am meisten: Genau das ist nicht passiert", meinte Joanou.

Am Ende waren die Musiker mit dem Ergebnis zufrieden. Ziemlich jedenfalls.

„Wenn ich Eintritt für diesen Film bezahlen müßte", sagte Bono 1988 zu dem britischen Magazin FACE, „wäre ich der erste in der Schlange. Ich will nicht unbescheiden klingen, aber ich halte ‚Rattle And Hum' für einen der besten Rockfilme, die je gemacht worden sind. Wenn du ein Jahr deines Lebens bis über beide Ohren in so einem Projekt gesteckt hast, willst du auch stolz auf deine Arbeit sein. Ich habe mir Sorgen gemacht, daß der Film langweilig oder schlecht geschnitten sein könnte, aber er ist total aufregend, auch wenn man kein großer U2-Fan ist. Ich finde, Phil Joanou hat den bestmöglichen Film über U2 gemacht. Er mußte ihn uns allerdings regelrecht aus der Nase ziehen, was weder ihm noch uns besonders leicht gefallen ist. Mir ist aufgefallen, daß ich auf der Leinwand manchmal richtig steif wirke. Ich hätte mehr aus mir herausgehen sollen, aber der Film hat mich echt nervös gemacht. Am besten ist er in den Szenen, die entstanden sind, als mir die Kameras scheißegal waren. Aber dann sehe ich mich wieder mit einem tieri-

schen Kater in Harlem – und ich mag mich an bestimmten Orten einfach nicht sehen, das geht mir dann echt zu weit. Besonders das Gerede über die IRA. Das ist ein bißchen zu nah dran, zu persönlich geworden, um mir noch wirklich zu gefallen. Wie Larry über Elvis und seine Filme loslegt – das gefällt mir. Ich fand das sehr mutig von ihm. Und Adam sieht aus wie ein Sex-Gott aus San Francisco... Meine Gefühle für diesen Film gehen, um ehrlich zu sein, ziemlich durcheinander. The Edge ist grandios: Er ist der große Anti-Gitarrenheld unserer Zeit. Jedesmal, wenn er in dem Film etwas Brillantes macht, steht er mit dem Rücken zur Kamera. Das ist das Walisische in ihm, das Presbyterianische. The Edge haut mich um. Normalerweise sehe ich gar nicht, was er auf der Bühne macht, wenn ich bei *Bullet The Blue Sky* diesen verdammten Scheinwerfer halte. Jetzt weiß ich endich, wie er dabei aussieht! Während *Silver And Gold* sage ich zu Edge: ‚Okay Edge, spiel den Blues!', und er bringt dieses tripmäßige Solo. Er glaubt felsenfest, daß das Blues ist – aber es ist seine ureigene Version von Blues. The Edge ist außergewöhnlich, er hat was Eigenes erfunden. Dagegen die Szene, in der man mich nach meinem Unfall in Harlem mit geschienter Schulter sieht! Da ging mit Phil der typische verdammte Filmemacher durch. Als ich mir in Washington die Schulter kaputtgehauen hatte und halb weggetreten vor Schmerzen ins Hospital gebracht wurde, stieg der Bastard mit Kamera und Scheinwerfern zu mir ins Auto. Er dachte, jetzt hätte er endlich mal ein Ereignis, wollte wohl ein bißchen cinema verité einfangen... Aber ich hab' ihm gesagt, er solle sich verpissen."

Trotzdem konnte Hollywoods Kassenfüller Steven Spielberg, Joanous Lehrer, Chef und Förderer, der ihn dem irischen Rockquartett für „Rattle And Hum" empfohlen hatte, die Bandmitglieder mit zufriedenem Grinsen daran erinnern: „Ich habe euch ja gleich gesagt, daß dieser Bursche verdammt gut ist!"

Und Regisseur Phil Joanou selbst war um eine Erfahrung reicher: „Video-Clips interessieren mich nicht", sagte er nach dem Ende der Arbeiten an „Rattle And Hum" in einem Interview. „Und ich habe nicht die Absicht, nun weitere Konzertfilme zu drehen. Vielleicht komme ich in zehn Jahren noch einmal auf U2 zurück und drehe – wenn sie dann 37 Jahre alt sind – einen Dokumentarstreifen über die Gruppe. Den Film ‚Rattle And Hum' würde ich aber jetzt nicht gleich noch einmal drehen wollen..."

...achtung :

„Einiges an diesem Album erinnert stark eine Dance-Music-LP", sagte Daniel Lanois, neben Brian Eno und Steve Lillywhite Produzent des Albums *Achtung Baby* nach Veröffentlichung der Platte im Herbst 1991. „Aber die Band wollte alles mögliche in dieser Platte enthalten haben: Power, Romantik, Elemente aus dem Heavy Metal und der Dance-Music. In gewisser Hinsicht ist es eine ausgesprochene Berlin-LP."

Bono gab sich eher gleichgültig: „Nehmen wir doch mal an, niemand mag unsere neue Platte, und wir verkaufen statt 15 Millionen Exemplaren nur eine Million. Na und? Wir verdienen dann immer noch mehr Geld, als wir jetzt noch brauchen könnten. Wir werden ewig Musik machen, auch wenn kein Mensch mehr unsere Platten kauft. Wer *Rattle And Hum* nicht gemocht hat, wird auch dieses Album nicht mögen. Wir machen Platten nur noch für uns und unser angestammtes Publikum, die verstehen uns wenigstens."

Dieses angestammte Publikum reagierte auf die Veröffentlichung von *Achtung Baby* so begeistert, wie es allgemein erwartet worden war. In der Nacht zum 18. November 1991 wurden die letzten verfügbaren Exemplare von *Achtung Baby* durch bewachte Transporter ausgeliefert, Schlag Mitternacht öffneten in Dublin zwei Plattenläden ihre Tore, um das neue U2-Album an die ganz eingefleischten Fans zu verkaufen. Die Resonanz dieser ungewöhnlichen Maßnahme dürfte wohl auch die Fans selbst überrascht haben: Vor den Läden drängten sich schon lange vor Mitternacht weit mehr als 2 000 potentielle Käufer, die von einer örtlichen Schnellküche mit Suppe aus der Gulaschkanone versorgt wurden. Der 19jährige Adam Swords, der die erste LP ergattern konnte, hatte bereits seit 19 Uhr vor dem Geschäft gestanden. Erst nach 3 Uhr früh konnten die beiden Plattenshops ihre nächtliche Aktion abschließen.

Ähnlich erfreulich war der Absatz im „übrigen" Irland – allein die Vorbestellungen bescherten U2 eine Doppel-Platin-LP für *Achtung Baby* (die es in Irland allerdings schon für 30 000 Exemplare gibt). Und im Handumdrehen schoß die Platte in den internationalen Hitlisten nach oben.

Dabei brachen U2 auf diesem Album für viele Songs radikal mit ihrem bisherigen Stil. Songs wie *The Fly* oder *Mysterious Ways* hatte man im Repertoire der Band aus Dublin bisher vergeblich gesucht. Und in den besten Stücken der LP verbanden Bono, The Edge, Larry und Adam die ungestüme Power einer Nachwuchsband aus dem Dunstkreis der Rave-Szene mit der Routine einer erfahrenen, mit allen musikalischen Wassern gewaschenen Rockgruppe.

Doch die internationale Musikpresse hatte im Hinblick auf *Achtung Baby* zunächst andere „Sorgen", als sich allzu gründlich mit der Musik der Platte zu beschäftigen.

Zum Beispiel: Was sollte der Name des Albums bedeuten? Daniel Lanois gab die Frage in einem Interview mit der Zeitschrift VOX weiter: „Fragt lieber Bono danach – der hat darauf sicher eine Million verschiedener Antworten parat (lacht). Aber ich glaube, daß sie mit dem Titel einfach eine breitere Gefühlspalette ausdrücken und ihren Sinn für Humor beweisen wollten. Dazu kommt natürlich eine gehörige Portion Spontaneität, von der Rock'n'Roll schon immer lebte."

Ein Bezug immerhin war klar: Die Platte war teilweise in den Berliner Hansa-Studios eingespielt worden – da lag ein sprachlicher Verweis auf Deutschland ziemlich nahe.

Zumal einer der Aufnahmeräume ein geschichtsträchtiger Ort war. Bono zur Zeitschrift ROLLING STONE: „Während des Krieges war dieser Raum ein Festsaal der Nazis. Und die Mauer zwischen Ost- und West-Berlin verlief früher gegenüber der Eingangstür an der Straße entlang. Wir kamen in dieses Studio unter dem Eindruck der nicht lange zurückliegenden Vereinigung von Ost- und Westdeutschland – und in dem Bewußtsein, daß diese Mauer, die hier so lange Zeit Menschen getrennt hatte, heute nur noch in amerikanischen Kunstgalerien zu sehen ist."

Dazu paßten natürlich auch die Trabbis, die auf dem wie ein Puzzle gestalteten Cover von *Achtung Baby* abgebildet wurden.

Während dies noch unbeanstandet blieb, stießen sich viele Fans, vor allem in den USA und in Japan an einer frontalen Nacktansicht von Adam, auch wenn die nur farblich verfremdet und – zum Beispiel auf dem CD-Beiheft – gerade mal in der Größe 2,9 mal 2,9 Zentimeter zu sehen war. Der Manager der Band, Paul McGuinness, reagierte recht gelassen auf dieses Thema: „In Ländern, wo sich die Leute über Adams intime Körper-

teile aufregen, werden wir das Cover mit einem passenden Sticker bekleben. Vielleicht sollte ich auch mal sagen, daß der hauptsächliche Grund für die Abbildung des Nacktfotos auf dem Cover der war, daß Adam absolut darauf bestanden hat. Er sagte, er werde andernfalls die Band verlassen – und ich war mir nicht ganz sicher, ob das nur ein Scherz war."

Davon abgesehen, ging eigentlich alles seinen gewohnten Gang.

Daniel Lanois sagte wieder einmal: „Jetzt im Moment hätte ich keine Lust, eine weitere Platte mit U2 aufzunehmen, aber frag mich lieber in sechs Monaten nochmal. Während wir an der LP arbeiteten, hatte ich das Gefühl, ich wäre ein weiteres Bandmitglied von U2 geworden. Das ist etwas, was mir an dieser Gruppe sehr gefällt. Sie sind

sehr aufgeschlossen. Aber so sehr es auch Spaß machte, mit ihnen zu arbeiten, so locker und freundlich sie sich gaben – die vier haben schon sehr konkrete Vorstellungen von dem, was sie auf ihrer Platte haben wollen und was nicht.“ Und dann erklärte er noch, wie er sich nach Abschluß einer Studioproduktion gewöhnlich verhält: „Wenn ich die Arbeit an einer LP beendet habe, kümmere ich mich erst einmal gar nicht mehr um das Album. Ich warte ab, bis es in den Handel kommt, dann gehe ich in den Laden, kaufe mir ein Exemplar, gehe heim, lege die Füße hoch und hör mir alles in Ruhe an. Das heißt: *Achtung Baby* hörte ich als Privatmann nicht vor Ende November 1991.“

Rechts: Ein Plakat für das Album *Achtung Baby*. Oben rechts: Bono mit seiner Frau Alison.

...kritiker:

„Wandeln sich U2 jetzt zu einer urwüchsigen Rockband, nur um endlich zur Supergruppe zu werden?“ fragte die britische Zeitschrift NEW MUSICAL EXPRESS Ende Oktober 1984 in der Überschrift eines Artikels zur 1984 veröffentlichten LP *The Unforgettable Fire.*

„Mit ihrer Großbritannientour beweisen sich U2 wieder einmal als eine der führenden Rockbands der Welt“, jubelte dagegen die Konkurrenz vom MELODY MAKER Anfang November 1984. Aber auch deren Reporter schien ein wenig ratlos, wenn es um die musikalische Zukunft der irischen Band ging: „Predigen sie inzwischen nur noch vor den gläubigen Fans, oder ist die neue LP der Beginn eines neuen Zeitalters?“

U2 und die Musikpresse – ein Thema, zu dem Bono einiges zu erzählen weiß. „Schlechte Kritiken machen mir manchmal schon zu schaffen. Jeder durchlebt Perioden, in denen er ständig von Selbstzweifeln geplagt ist. Und wenn man dann in allen möglichen Zeitschriften lesen muß, daß man offenbar völlig zu Recht von Selbstzweifeln geplagt wird, kann einem das schon gewaltig zusetzen. Aber solche Kritiken und auch irgendwelche Skandalgeschichten bringen mich immer wieder dazu, über meine Einstellung gegenüber der Musikpresse neu nachzudenken. Ich mache nicht Musik, um in die Schlagzeilen zu kommen. Und ich will, daß sich die Leute an mich später einmal wegen positiver, nicht wegen negativer Dinge erinnern. Eine Zeitlang habe ich keines dieser Magazine in die Hand genommen. Vor einiger Zeit habe ich wieder damit begonnen, hin und wieder eine Musikzeitschrift zu lesen – und ich habe festgestellt, daß es zwei verschiedene Arten von Musikern gibt, die in diesen Zeitschriften vorkommen. Die einen sagen: ‚Hör dir nur diese wunderbare Musik an – bin ich nicht toll?‘ Und die anderen: ‚Hör dir nur diese wunderbare Musik an – ist sie nicht toll?‘ Wir gehören definitiv zur zweiten Gruppe.“

Und deshalb fragte sich Bono schon 1984: „Warum beschäftigen sich die Kritiker so sehr mit einer Veränderung im Stil einer Band? Warum ist ihnen das Gesicht der Musik so ungeheuer wichtig – wenn es doch eigentlich nichts als die Fassade eines Songs ist? Da werfen uns alle möglichen Typen vor, daß wir plötzlich mehr mit traditionelleren Strukturen der Rockmusik arbeiten. Dabei sagt ein Bruce Springsteen, der ja nun wirklich traditionellen Rock'n'Roll spielt, mit seiner Musik mehr aus als viele seiner moderneren Kollegen. Der sagt mit einem einzigen Schrei mehr aus als andere mit seitenlangen Texten. Oder hör sich einer Van Morrison an: Der spielt Soul, hält sich damit seit Jahren allen Trends zum Trotz und ist dabei so ein genialer Songwriter.“

Ohnchin hält Sänger und Songwriter BonoVox – das verriet er dem Magazin MELODY MAKER in einem Interview – die Fans von U2 für viel kompetenter als die meisten Journalisten der Musikpresse: „Ich glaube, daß die Leute im Publikum die Musiker auf der Bühne viel genauer kennen, als allgemein angenommen wird. Viele Musikkritiker wollen bestimmte Facetten einer Persönlichkeit unter den Teppich kehren, und entsprechend flach fühle ich mich in Artikeln manchmal dargestellt. Vielleicht taugt das als Merksatz: Die Musik ist wichtiger als der Musiker – und der Fan wichtiger als der Journalist.“

Und zur Zeitschrift SKY sagte er Ende 1988: „Einige Berichte über uns portraitieren eine Seite der Band ziemlich treffend, aber diese Band hat viele Seiten. Vernachlässigt wird oft, daß wir einen ziemlich ausgeprägten Sinn für Humor haben. Aber genau das ist ein entscheidender Bestandteil dieser Gruppe.“

„In der Musikszene“, dachte Bono damals laut über einen Grund für das gespannte Verhältnis zwischen ihm und der schreibenden Zunft nach, „gibt es ein großes Problem: Du kannst Reportern sagen was du willst, nur solltest du möglichst nicht an deine Sprüche glauben. Und weil das im Fall von U2 anders ist, halten uns einige Leute wahrscheinlich für gefährlich. Die ganze Rock'n'Roll-Branche besteht aus Drückebergertum und Wurstigkeit – und da kommt dieser Typ daher und sagt, was er denkt, und glaubt, was er sagt. Irgendwie fühlen sich alle möglichen Leute dabei nicht sehr wohl. In Irland gibt es zwei Dinge, über die man am besten nicht reden sollte: Sex und Politik.“

Und im Interview mit der Zeitschrift FACHBLATT ereiferte er sich Mitte der 80er Jahre: „Wenn ich Leute sehe, habe ich meistens einen Begriff, einen Ausdruck für sie parat. Einsamer Junge zum Beispiel oder verdorbenes Kind. Bei den englischen Journalisten fällt mir immer nur ein Wort ein: Eitelkeit, Eitelkeit, Eitelkeit. Man haßt uns dort, weil wir seit drei Jahren kein Interview mehr gegeben haben. Es gibt einige wenige Journalisten, die ich mag und denen ich schon vor Jahren die ersten U2-Demos schickte. Ich selbst habe auch mal für eine Zeitung gearbeitet – aber das war ein Desaster. Ich war der unzuverlässigste Schreiber, den man sich nur vorstellen kann. Ohne jede Disziplin. Nie war der gewünschte Artikel zur rechten Zeit fertig.“

„Die Sache mit dem Styling von Musikern wird in England immer stalinistischer, wie eine Zangsjacke“, ärgerte sich Bono 1988 in einem Interview mit FACE. „Du hast keinen Bewegungsspielraum mehr, alles muß immer das ‚Richtige‘ sein: die ‚richtige‘ Flasche Wein, der ‚richtige‘ Name fürs königliche Baby und – das betrifft uns nun wieder – das Schlimmste: Du mußt die ‚richtige‘ Musik hören. Die Leute bekommen vorgefertigte Meinungen, obwohl sie eigentlich an einem viel breiteren Spektrum interessiert wären: Ich kenne Leute, die hören gern Robert Goulet und Big-Band-Musik, mögen aber auch die Buzzcocks. Die Musikpresse benimmt sich manchmal, als wäre das ein Verbrechen.“

The Edge sieht das alles ein wenig lockerer. „Manchmal“, sagte er 1985 und zuckte die Schultern, „müssen wir einsehen, daß wir letztendlich keinen Einfluß darauf haben, wie die Leute interpretieren, was wir tun oder lassen.

U2 und die Kritiker: „Wozu sollen wir uns über etwas aufregen, das wir nicht ändern können?“

Du selbst weißt genau, was du mit einer bestimmten Handlung bezweckst. Du weißt, was du mit einem Song aussagen willst und mit der Reihenfolge, in die du alle Stücke eines Albums bringst. Aber wenn die Platte dann mal veröffentlicht ist, entzieht sich alles Weitere deiner Kontrolle. Wenn uns also einer völlig mißversteht, sagen wir uns manchmal: Wozu sollen wir uns über etwas aufregen, das wir nicht ändern können?"

Und schließlich, Ende 1988, gab sich auch Bono gelassener: „Irgendwie berühren mich Kritiker gar nicht mehr. Je näher wir unseren musikalischen Zielen kommen, desto selbstbewußter werde ich. Wir sind eine gute Band. Was andere denken, kümmert mich überhaupt nicht – mich kümmert nur noch, was wir denken. Früher war ich unsicherer, was U2 angeht, und ich habe mich oft entschuldigt. Da habe ich auch noch sehr verklemmt gesungen, was die Leute für Arroganz hielten. Denen war gar nicht klar, daß wir ganz schön gestrampelt haben. Als wir anfingen, konnten wir kaum unsere Instrumente stimmen oder den Takt halten. Eine Platte aufzunehmen war damals ein Alptraum. Heute fällt uns das zum Glück leichter. Mir gefällt die Lockerheit von ‚Rattle And Hum', und dafür nehme ich auch herbe Kritik und den ganzen anderen Mist in Kauf."

...fans :

„Man muß nicht“, sagte Bono 1987 zum Musikmagazin SOUNDS, „geringschätzig von jemandem denken, nur weil er erst 14 Jahre alt ist. Als ich 14 war, habe ich die Songs von John Lennon gehört – und das hat mir zu einer neuen Weltanschauung verholfen.“ Und ein Jahr später interpretierte er den Bandnamen als generelle Liebeserklärung ans treue Publikum: „Mit U2, you too, sagen wir unseren Fans: ‚Ihr gehört zu uns. Ohne euch gäbe es unsere Musik nicht.‘“

Und keine Schlagzeilen wie diese: „250 Mädchen fielen in Ohnmacht“, meldete die Deutsche Presse-Agentur im Dezember 1989 nach dem Start der Deutschland-Tournee von U2 in Dortmund. „Fast pausenlos wurden am Donnerstag abend Tragbahren mit ohnmächtigen oder krampfgeschüttelten Mädchen in die drei Behandlungsräume der Dortmunder Westfalenhalle gebracht.“

Von anderen extremen Auswirkungen des Starkults wußte Bono ebenfalls zu berichten: „Die Fans dachten“, wurde er im Dezember 1991 von ME/SOUNDS mit einem Rückblick auf das Jahr 1987 zitiert, „ich könnte ihnen das Leben retten oder sowas. Die kamen aus der ganzen Welt angereist, um mir meine Unterhosen von der Wäscheleine zu klauen. Und wenn ich einem Mädchen für ein Foto nur den Arm um die Schulter legte, konnte ich sicher sein, am nächsten Tag eine Vaterschaftsklage auf dem Tisch zu haben.“

The Edge nahm solchen Rummel schon 1985 eher kopfschüttelnd zur Kenntnis: „Wir wollen mit dem, was wir tun, eine möglichst breite Masse ansprechen. Ich sehe keinen Sinn darin, daß wir nur noch Platten für die Leute veröffentlichen, die schon alles von uns wissen. Wenn einer zum Beispiel gerne Platten von der Gruppe The Velvet Underground hört, muß er deswegen trotzdem noch lange kein Interesse daran haben, Lou Reed auf der Straße zu erkennen und ihn anzusprechen.“

Adam reagierte zum Teil sogar ausgesprochen sauer, wenn er auf das Thema Fans angesprochen wurde: „Wir haben längst die Kontrolle über das verloren, was unsere Fans aus unseren Aktivitäten machen. Wir fühlen uns nicht mehr dafür verantwortlich. U2 ist eine stinknormale Rock'n'Roll-Band – und alles, was in letzter Zeit in unsere Gruppe hineininterpretiert wurde, ist auf dem Mist unserer Fans gewachsen.“

Immerhin dürfen U2 von sich behaupten, nicht nur mit die treuesten Fans zu haben, die sie (wie etwa in Japan) während der gesamten Tournee begleiten – sie haben auch einige der originellsten „Verehrer“: Unter dem Bandnamen The Joshua Trio (den Bezug muß man wohl nicht mehr erklären) spielen die drei Dubliner U2-Freaks Paul, Kieran und Arthur auf der Bühne schräge Cover-Versionen von Songs der irischen Supergruppe, posieren für spaßige Fotos vor dem Haus, in dem Bono als Kind gelebt hatt, und nehmen immer wieder den Kult um U2 augenzwinkernd auf die Schippe. Warum sie das tun? Unter anderem, um die Bedeutung von U2 für die Musikgeschichte ins rechte Licht zu rücken. Arthur: „Vor 1978 sangen alle Rocksänger falsch, weil sie sich nicht hören konnten – seit Bonos Erfolg singen alle Rocksänger falsch, weil sie falsch singen wollen.“

Inzwischen gibt es sogar eine Untersuchung zur Struktur der U2-Fans – durchgeführt vom englischen U2-Fanzine Red Guitar. Demnach sind 38 Prozent der befragten Anhänger zwischen 17 und 22, weitere 34 Prozent sind zwischen 22 und 30 Jahre alt. 48 Prozent der Befragten waren zum Zeitpunkt der Umfrage zudem seit vier oder mehr Jahren U2-Fans.

U2-Fanclubs gibt es inzwischen überall auf der Welt. Anlaufstelle für die deutschen U2-Anhänger und solche, die es werden wollen, ist seit Oktober 1990 „PRIDE“: Dort wird vierteljährlich ein hauseigenes Fan-Magazin herausgegeben, in dem sechs Club-Mitglieder als Redakteure und interessierte Fans als freie Mitarbeiter auf 40 Seiten Interviews, Hintergrund-Infos, Discographien und Konzertkritiken über U2 und die Band An Emotional Fish veröffentlichen. Dort gibt's auch einiges zu erfahren über U2-Fans im Ausland, Presseberichte vor allem in Großbritannien, neue Veröffentlichungen (sehr aktuell) und empfehlenswerte Bücher für Einsteiger und Insider.

U2 auf Japan-Tour: Die Band, vom Publikum aus gesehen (links) – und der Blick von der Bühne auf die Fans (unten).

Die Kontaktadresse des deutschen U2-Fanclubs „PRIDE“ lautet:

PRIDE
c/o Frank Rumpf
Friesenstraße 62
3000 Hannover 1

: ... bis 1979

1976 sucht Larry Mullen per Aushang am Schwarzen Brett der Mount Temple School in Dublin Mitmusiker für eine eigene Band. Er findet Paul Hewson (alias Bono Vox), David Evans (The Edge), Dick Evans und Adam Clayton. Unter den Gruppennamen Feedback und später The Hype spielen sie Cover-Versionen unter anderem von Songs der Stranglers und Sex Pistols. Im März 1978 gewinnen sie unter dem neuen Namen U2 einen Talentwettbewerb, im September treten sie im Vorprogramm der Stranglers auf. Noch im selben Jahr übernimmt Paul McGuinness das Management der Band. Im September 1979 erscheint mit *U2: Three* die erste Platte der Gruppe. Nach der Veröffentlichung einer weiteren Single (*Another Day*) bei der Plattenfirma CBS Irland treten U2 im Dezember 1979 zum ersten Mal in London auf.

: 1980

Bei einer Umfrage im Januar wählen die Leser der in Dublin erscheinenden Musikzeitschrift THE HOT PRESS die Band U2 gleich in fünf verschiedenen Sparten auf Platz 1. Im April unterschreiben U2 einen Plattenvertrag bei Island Records. Als erste Single, die auch in Großbritannien erhältlich ist, erscheint im Mai *11 O'Clock Tick Tock*. Von Juli an tourt die Band fast den ganzen Sommer hindurch auf einer ausgedehnten Konzertreise durch Großbritannien. Im August gehen U2 mit dem Produzenten Steve Lillywhite in die Windmill Lane Studios in Dublin, um die erste „richtige" Langspielplatte aufzunehmen Noch im selben Monat wird *A Day Without Me* als erste Vorab-Single veröffentlicht. Im Oktober erscheint die LP *Boy* als erstes U2-Album in voller Länge, zur gleichen Zeit kommt die dritte Single-Auskopplung *I Will Follow* in den Handel. Nach weiteren Konzerten in England treten U2 auch in Belgien und in den Niederlanden auf. Im November stehen sie zum ersten Mal für einige US-Konzerte auf den Bühnen von Clubs an der Ostküste.

: 1981

Im Januar wählen die Leser des irischen Musikmagazins THE HOT PRESS U2 in neun (!) Kategorien auf Platz 1. Das Abschlußkonzert der Englandtournee von U2 findet im Februar im 3 000 Menschen fassenden Londoner Lyceum Ballroom vor ausverkauftem Haus statt – 700 enttäuschte Fans müssen draußen bleiben. Zum ersten Mal ist die Band – als Gast der Show „The Old Grey Whistle Test" auf BBC 2 – im britischen Fernsehen zu bestaunen. Am nächsten Tag fliegen U2 zum zweiten Mal für eine US-Tournee über den Atlantik; sie bleiben insgesamt drei Monate in den Vereinigten Staaten. Eine Pause im Terminplan der Tour nutzen sie, um den Song *Fire* in den Compass Point Studios in Nassau aufzunehmen. Mit Konzerten in New York und Santa Monica geht die US-Tournee im Mai zu Ende. Das Album *Boy* hat inzwischen die amerikanische LP-Hitparade erreicht. Im Juni treten U2 in London im Hammersmith Palais auf. Die Single *Fire* erscheint im Juli und bringt der Band die erste Plazierung in den britischen Charts ein: Position 35. Die nächste Single *Gloria* plaziert sich im Oktober ebenfalls in der GB-Hitliste. Das Album *October* steht schon in der ersten Woche auf Platz 11, innerhalb von einem Monat erreicht die LP Silber-Status. Die neue U2-Tournee, die 18 Konzerte beinhaltet, ist restlos ausverkauft. Im November fliegen U2 wieder für einige Konzerte nach Nordamerika.

: 1982

Zum U2-Konzert im Januar in Dublin – der abschließenden Show ihrer Tournee durch Irland – kommen 5 000 Zuschauer. Danach zieht es die vier Musiker wieder für mehrere Konzerte in die Vereinigten Staaten. Die Single *A Celebration* beschert der irischen Band im März die inzwischen dritte Plazierung in den englischen Charts. Im Sommer treten U2 überall in Europa als Headliner verschiedener Open-Air-Festivals auf. Im Herbst arbeiten Bono, The Edge, Larry und Adam an neuen Songs. Alle sechs Dezember-Konzerte in Großbritannien sind ausverkauft. Bei ihren Auftritten in Großbritannien, auf dem europäischen Festland und in Irland spielen U2 zum ersten Mal Songs aus dem kommenden Album *War*. Noch eine andere Premiere findet in diesem Jahr statt: U2 steuern mit zwei Versionen des Songs *October* für den Film „They Call It An Accident" erstmals Musik zu einem Soundtrack bei.

1983:

Die Single *New Year's Day* wird im Januar der erste Top-10-Erfolg von U2 in der englischen Hitparade. Die LP *War* findet sich schon in der ersten Woche nach ihrer Veröffentlichung auf Platz 1 der britischen Charts und kann sich auch in der amerikanischen Hitliste durchsetzen; in den englischen Charts wird sie zwölf Monate lang ununterbrochen notiert. Damit landet die Band, die bis dahin durch Vorschüsse mit rund 300 000 Dollar bei ihrer Plattenfirma im Soll stand, ihren ersten durchschlagenden kommerziellen Erfolg. Alle 27 Konzerte der im Februar beginnenden Englandtournee sind binnen weniger Stunden ausverkauft – und das, obwohl für die Tour keine Werbung gemacht worden ist. Im April startet eine neue, dreimonatige US-Tournee. Nach einem Monat steht *War* in den US-Charts, wenig später beschert die LP der Gruppe ihre erste Goldene Schallplatte in den Vereinigten Staaten. Den imposanten Abschluß der Nordamerika-Tournee bilden im Juli einige Stadionkonzerte vor rund 10 000 Fans pro Abend. Im August treten U2 im Phoenix Park von Dublin als Headliner des Konzerts „Day At The Races" auf – vor 25 000 Zuschauern. Während des Auftritts flippt Bono plötzlich aus und wird handgreiflich gegen einen Roadie. Bob Hewson, Bonos Vater, springt auf die Bühne und beruhigt seinen Sohn wieder. Auch auf der Loreley spielen U2 – ihr Auftritt wird im Rahmen des „Rockpalast"-Festivals vom Fernsehen live übertragen. Mit *Under A Blood Red Sky* erscheint im November das erste Live-Album von U2. Aufgenommen worden ist es unter anderem im Red Rocks Amphitheatre im US-Bundesstaat Colorado – weitere Mitschnitte stammten vom Auftritt auf der Loreley (4 Songs), in Boston (2) und Red Rocks (2). Das Konzert in Red Rocks war auch für das 61 Minuten lange Video „Under A Blood Red Sky" mitgeschnitten worden. Die LP nimmt auf Anhieb Platz 2 der britischen Charts ein. U2 gehen zum ersten Mal auf Japantournee. Dort besuchen die Musiker auch eine Ausstellung, die unter dem Titel „The Unforgettable Fire" Fotos aus den mit amerikanischen Atombomben beworfenen Städten Hiroshima und Nagasaki präsentiert.

1984:

Im Januar erreicht das Album *Under A Blood Red Sky* Platin-Status. Von den Kritikern des Musikmagazins ROLLING STONE werden U2 im März zur „Band des Jahres 1983" gekürt. Mit den Produzenten Brian Eno und Daniel Lanois beginnen sie im Mai mit der Arbeit an ihrem neuen Album. Die Aufnahmen finden in Slane Castle, einer alten Burg außerhalb Dublins, und in den Windmill Lane Studios statt. Nach Abschluß der Studioarbeit geht die Gruppe im August auf Welttournee. Die ersten Konzerte finden in Neuseeland statt. Im September kehren U2 im Rahmen ihrer Welttournee nach Europa zurück. In Australien, wo sie allein in Sydney in sechs Konzerten vor insgesamt 60 000 Fans gespielt haben, ist die Single *Pride (In The Name Of Love)* inzwischen auf den vierten Platz der Charts geklettert, insgesamt werden vier U2-Alben in den Hitlisten des fünften Kontinents geführt. *Pride* erreicht in England Position 3. Die LP *The Unforgettable Fire* erscheint im Oktober und erreicht wie ihre Vorgänger auf Anhieb Platz 1 in Großbritannien. Die Welttournee wird mit Konzerten in Frankreich, Belgien, den Niederlanden und Deutschland fortgesetzt. Im November treten U2 an zwei Abenden im Londoner Wembley-Stadion auf. Weihnachten bestreitet die Band ein Benefizkonzert für die Gefangenenhilfsorganisation Amnesty International in New York. Weitere Highlights des Jahres: Bono tritt in Dublin (Open Air) vor 40 000 Fans an der Seite von Bob Dylan auf, einem seiner erklärten Idole. Die Gruppe verlängert ihren Vertrag mit der Plattenfirma Island, wobei sie ihre Position als bestverkaufende Band des Labels geschickt nutzt: Ihr neuer Vertrag gilt als der bis dahin höchstdotierte der Branche – und er sichert den Iren nebenbei einen Anteil am Verkaufspreis, falls die Plattenfirma eines Tages veräußert werden sollte. Außerdem gründen U2 die Firma Not Us Ltd., die mit 500 000 Dollar pro Jahr die Stadt Dublin bei der Einrichtung von Aufnahmemöglichkeiten für lokale Bands unterstützt. Und im Sommer erscheint die erste Single auf dem neugegründeten Label von U2, Mother Records.

:1985

Im Januar absolvieren U2 Konzerte in Europa, im Februar beginnt die nächste US-Tournee. Bis Mai ist die Band in Nordamerika unterwegs. Im April stehen U2 im New Yorker Madison Square Garden auf der Bühne. Das Magazin ROLLING STONE feiert sie als „the band of the eighties". Der Titelsong der LP *The Unforgettable Fire* wird als Single veröffentlicht und steigt in den britischen Charts auf Platz 8 ein. In der Milton Keynes Bowl und im Dubliner Croke Park – dort vor 55 000 Fans – finden im Juni umjubelte U2-Konzerte statt. Als Teilnehmer an Bob Geldofs „Live Aid"-Konzert spielen U2 im Juli im Londoner Wembley-Stadion zugunsten der Hungernden in Äthiopien. Danach ziehen sie sich nach Dublin zurück und schreiben an neuen Songs. In diesem Sommer wirkt Bono außerdem auf dem Album *Sun City* der von Little Steven ins Leben gerufenen Artists Against Apartheid mit. The Edge arbeitet mit den Musikern Holger Czukay und Jah Wobble am Konzeptalbum *Snake Charmer*, und Bono steht für den Song *In A Lifetime* zusammen mit der Folkrock-Band Clannad im Studio. Außerdem erscheint das U2-Video „The Unforgettable Fire" mit 51 Minuten Laufzeit.

:1986

Die Leser von ROLLING STONE wählen U2 im Februar auf Platz 1 in den Kategorien „Beste Band" und „Bestes Konzert". Die Kritiker desselben Magazins küren U2 gemeinsam mit Bruce Springsteen zu ihrer Nummer 1. Im Mai treten Bono, The Edge, Adam und Larry in Dublin im Rahmen des Festivals „Self Aid" zugunsten Arbeitsloser in ihrer Heimatstadt auf und spielen unter anderem eine Cover-Version des Dylan-Songs *Maggie's Farm*. Ein Mitschnitt des Konzerts erscheint als LP unter dem Titel *Live For Ireland*. Im Juni unterbrechen sie die Proben für das nächste Album für sechs US-Konzerte, die als „A Conspiracy Of Hope" (eine Verschwörung der Hoffnung) Amnesty International finanziell zugute kommen sollen. Neben U2 stehen Peter Gabriel, Lou Reed, Bryan Adams, die Neville Brothers, Joan Baez und The Police auf der Bühne. The Edge und Larry schreiben außerdem gemeinsam mit Sinéad O'Connor und Michael Brooks den Soundtrack zum Film „Captive".

:1987

Das Album *The Joshua Tree* wird am 17. März, dem irischen Nationalfeiertag St.Patrick's Day, veröffentlicht. Auf Anhieb wird die LP die Nummer 1 in Großbritannien. Die Single *With Or Without You* kommt in den Handel. Im April starten U2 ihre neue Welttournee in Arizona. Das Magazin TIME schreibt auf der Titelseite: „U2, Rock's Hottest Ticket". Die LP *The Joshua Tree* erreicht in den USA Platz 1. Der europäische Teil der laufenden Tournee beginnt im Mai in Rom. Die Single *I Still Haven't Found What I'm Looking For* erscheint: Platz 1 in den USA, Top 5 in England. Im Juni treten U2 im Rahmen einer Großbritannientournee mehrmals im Londoner Wembley-Stadion auf. Im August wird die Single *Where The Streets Have No Name* veröffentlicht. Nach einer kurzen Pause nehmen U2 im September den zweiten Teil ihrer ausgedehnten Nordamerikatournee in Angriff, der Regisseur Phil Joanou begleitet die Band mit seinem Filmteam bis Mitte Dezember. In den legendären Sun-Studios in Memphis nehmen U2 im November Musik für ihr nächstes Album auf. Im Embarcadero Center in San Francisco geben die vier Iren ein improvisiertes Straßenkonzert vor 25 000 Menschen. Und noch im selben Monat steht die Band in Fort Worth zum ersten Mal gemeinsam mit dem Gitarristen und Sänger B.B. King auf der Bühne – für diesen Anlaß haben sie den Song *When Love Comes To Town* geschrieben. Im Dezember ziehen U2 die eindrucksvolle Bilanz der vergangenen Monate – 100 Konzerte, drei Millionen Zuschauer. Das Album *The Joshua Tree* führte bislang in 22 (!) Ländern die Hitparaden an, davon allein in den USA neun Wochen lang ununterbrochen, und wurde bisher mehr als 14millionenmal verkauft. Die LP erreichte innerhalb von nur 48 Stunden nach Veröffentlichung Platin-Status. Auf einem Weihnachts-Sampler mit dem Titel *A Very Special Christmas* sind U2 mit dem Song *Christmas (Baby Please Come Home)* vertreten. Auf dem ersten Solo-Album von Robbie Robertson, ebenfalls in diesem Jahr erschienen, sind die Songs *Testimony* und *Sweet Fire Of Love* zu hören, an deren Entstehung U2 beteiligt waren. Zu Ehren von Woodie Guthrie und Leadbelly erscheint außerdem das Album *A Vision Shared*, zu dem U2 den Song *Jesus Christ* beigesteuert haben.

1988:

Die Band beginnt im März mit den Proben füre die nächste LP. Im April arbeiten U2 mit Regisseur Phil Joanou in Los Angeles an der Endfassung ihres Konzertfilms „Rattle And Hum“, der während ihrer jüngsten Welttournee entstanden ist. U2 werden mit zwei Grammys (in den Kategorien „LP des Jahres“ und „Bestes Rockkonzert“) und einem BPI-Preis („Beste internationale Band“) ausgezeichnet. Im Mai kehrt die Band noch einmal in die Sun Studios in Memphis zurück, um *Angel Of Harlem* aufzunehmen. Mit *Desire* erscheint im September die erste Vorab-Single aus dem Album zum Film „Rattle And Hum“. Die Platte erreicht weltweit Platz 1 – und damit zum ersten Mal auch die Spitzenposition der britischen Single-Hitliste. Im Oktober stehen U2 im Dominion Theatre in London für die TV-Show „Smile Jamaica“ auf der Bühne, die zugunsten von Hilfsaktionen für das von einem Hurricane verwüstete Jamaika veranstaltet wird. Keith Richards und Ziggy Marley beteiligen sich spontan am Auftritt der vier Iren. Das Album *Rattle And Hum* erscheint als Doppelalbum und erreicht auf Anhieb Platz 1 in Großbritannien. Im November ist der Film „Rattle And Hum“ als Welturaufführung in Dublin zu sehen. Drei Tage später kommt der Streifen weltweit in die Kinos. Im Dezember setzt die Terrororganisation IRA Bono auf ihre Todesliste – er hatte, während im Film „Rattle And Hum“ die Live-Version von *Sunday Bloody Sunday* lief, Kritik am Vorgehen der IRA geübt.

1989:

U2 werden wieder mit zwei Grammys („Bestes Rockkonzert“, „Bestes Video“) und einem BPI-Preis („Beste internationale Band“) ausgezeichnet. Unter dem Motto „Love Comes To Town“ beginnt im September eine Tournee der Band durch Australien, Neuseeland, Japan, Frankreich, Deutschland, die Niederlande und Irland. Als Stargast ist der Gitarrist und Sänger B.B. King mit von der Partie. Zwischen dem 26. und dem 31. Dezember geben U2 vier Konzerte in Dublin. Das Konzert in der Silvesternacht wird in Westeuropa und in der Sowjetunion im Radio übertragen – die Zahl der Hörer wird auf mehr als 500 Millionen Menschen geschätzt. Der Jahresumsatz des „Unternehmens U2“ soll inzwischen 120 Millionen Dollar betragen. In diesem Jahr wird Adam Clayton in Dublin wegen unerlaubten Haschischbesitzes verhaftet und dazu verurteilt, umgerechnet rund 60 000 Mark an ein Frauenhaus zu bezahlen. Adam und Larry wirken an den beiden Songs *Still Water* und *Jolie Louise* mit, die auf dem ersten Solo-Album von U2-Produzent Daniel Lanois zu hören sind. Außerdem stellt die Band eine Live-Version von *Pride (In The Name Of Love)* für den Benefiz-Sampler *Rainbow Warriors* zur Verfügung, der zugunsten der Umweltschutzorganisation Greenpeace veröffentlicht wird. Auf dem in diesem Jahr aktuellen Album von Roy Orbison ist mit *She's A Mystery To Me* ebenfalls ein Song von Bono und The Edge vertreten. Bono spielt für den Song *Royal Station 4/16* auf *Brave & Crazy*, dem aktuellen Album der Rocksängerin Melissa Etheridge, Mundharmonika.

1990:

Die Leser des Magazins ROLLING STONE wählen Bono zum „männlichen Sexsymbol des Rock“. The Edge und Bono komponieren für die Royal Shakespeare Company – ihre Musik wird für deren Musical-Version von Anthony Burgess' „A Clockwork Orange“ verwendet. Bono schreibt das Stück *Jah Love* – es erscheint auf der LP *Brothers Keeper* der Neville Brothers. Außerdem geht Bono in diesem Jahr für T. Bone Burnett ins Studio und unterstützt ihn für den Song *What's Happened To You* auf der LP *Red Moon*. Bono und The Edge wirken am Song New York, New York der australischen Band Ecco Homo mit. Auch Larry tritt nach langer Zeit mal wieder etwas in den Vordergrund: Im Sommer 1990 fliegt die irische Fußball-Nationalmannschaft musikalisch bestens versorgt zur WM nach Italien – Larry hat an der WM-Hymne *Put 'em Under Pressure* mitgeschrieben. Im Herbst beginnen in den Berliner Hansa-Studios die Plattenaufnahmen für das nächste Album.

1991:

Mit den Produzenten Daniel Lanois und Brian Eno nehmen U2 weiterhin in Berlin und Dublin neue Songs auf. Die Arbeiten dauern insgesamt über ein Jahr. Bono schreibt Songs für Johnny Cash, Larry komponiert Lieder für andere Country-Sänger. Mit *Until The End Of The World* liefern U2 den Titelsong für den Wim-Wenders-Film „Bis ans Ende der Welt“. Im November erscheint das Album *Achtung Baby*. Fans stehen am Erstverkaufstag in Dublin Schlange vor den Plattenläden, wenig später gibt es einige Aufregung um ein Aktfoto von Adam, das auf dem Cover der Platte zu sehen ist.

1992:

Während das Album *Achtung Baby* in allen internationalen Hitparaden plaziert ist (Platin am 4. Februar) und sich allmählich auch der Single-Titel *Mysterious Ways* in den Charts und Rundfunkprogrammen der Welt durchsetzt, bereiten U2 ihre neue Welttournee vor. Im Februar beginnt die Konzertreise mit Auftritten in den USA, im Frühsommer stehen Konzerte in Deutschland auf dem Programm.

...U2!

...singles

Seit U2 Platten veröffentlichen, sind ihre Singles für Sammler besondere Leckerbissen, weil viele B-Seiten oder die Maxi-Singles sonst unveröffentlichte Songs enthalten. Ausgewählte Tips:

September 1979: U2: Three
Die erste U2-„Single“ war eine EP (sozusagen die Maxi der 60er Jahre), erschien nur in Irland und hatte mit *Out Of Control*, *Stories For Boys* und *Boy-Girl* „drei A-Seiten“. *Boy-Girl* erschien nie auf LP.

Februar 1980: Another Day
Auch diese zweite Single wurde nur in Irland veröffentlicht. Sie enthielt die Songs *Another Day* und *Twilight*. *Another Day* erschien nie auf einer LP.

Mai 1980: 11 O'Clock Tick Tock
Die Single-Titel *11 O'Clock Tick Tock* und *Touch* erschienen in Studio-Versionen nie auf LP.

August 1980: A Day Without Me
Als B-Seite enthält diese Platte den Titel *Things To Make And Do*.

Juni 1981: Fire
Die Maxi-Version dieser Single beinhaltet neben dem bis dahin unveröffentlichten Song *J.Swallow* Live-Mitschnitte von *11 O'Clock Tick Tock* und *The Ocean*.

Oktober 1982: A Celebration
Der Song *Trash, Trampoline And The Party Girl* füllt die B-Seite. Beide Songs erschienen bisher nur auf dieser Single – mit der Einschränkung, daß *Trash, Trampoline And The Party Girl* unter dem Titel *Party Girl* später als Live-Mitschnitt auf *Under A Blood Red Sky* auftauchte.

August 1983: Sunday, Bloody Sunday
Kurios: Diese Single erschien mit demselben Cover wie die vorige, *Two Hearts Beat As One* (vom März 1983).

September 1984: Pride (In The Name Of Love)
Die Single-Rückseite enthält den neuen Song *Boomerang I*, die Maxi-Version bietet zusätzlich das Stück *Boomerang II*.

März 1987: With Or Without You
Auf der B-Seite zwei neue Songs: *Luminous Times*, *Walk To The Water*.

Mai 1987: I Still Haven't Found What I'm Looking For
Auch hier zwei neue Songs als Rückseite: *Spanish Eyes* und *Deep In The Heart*.

August 1987: Where The Streets Have No Name
Silver And Gold (B-Seite der Maxi) war von Bono für das *Sun City*-Album der Artists Against Apartheid geschrieben worden, *Race Against Time* (A) und *Sweetest Thing* (B) waren völlig neue Songs.

September 1988: Desire
Die Maxi-Version der Single enthält den neuen Song *Hallelujah Here She Comes* sowie den „Hollywood Mix“ von *Desire* auf der B-Seite.

Dezember 1988: Angel Of Harlem
Die zweite Maxi-Auskopplung aus *Rattle And Hum* bietet die Live-Version von *Love Rescue Me* und den ebenfalls neuen Song *A Room At The Heartbreak Hotel*.

April 1989: When Love Comes To Town
Auf der Maxi-Single ist die Cover-Version des Patti-Smith-Songs *Dancing Barefoot* zu finden sowie der „Kingdom Mix“ des Titelsongs und der „Hard Metal Dance Mix“ von *God Part II*.

Juni 1989: All I Want Is You
Auf der Rückseite findet man die Cover-Versionen der Klassiker *Unchained Melody* und *Everlasting Love*.

Oktober 1991: The Fly
Als Vorgeschmack auf das Album *Achtung Baby* veröffentlicht (und nur drei Wochen im Handel!), enthält diese Single auf der B-Seite unter anderem den ungewöhnlichen Instrumental-Titel *Alex Descends Into Hell For A Bottle Of Milk* – dieses Stück stammt aus jener Musical-Musik, die Bono und The Edge für die Royal Shakespeare Company London und ihre Neuauflage von Clockwork Orange geschrieben hatten. Diese Musik existierte sonst noch auf keinem Tonträger.

Dezember 1991: Mysterious Ways
Die Maxi-Single enthält außer der Originalversion insgesamt vier Remixes des Songs

...bootlegs +++ achtung ...bootlegs +++ achtung ... bootlegs +++ achtung ...

Im Mai 1991, als die meisten Fans noch auf die Veröffentlichung des neuen Albums *Achtung Baby* warteten, verbreitete sich das Gerücht wie ein Lauffeuer: Einige Songs der LP waren angeblich bereits als Raubkopie, als Bootleg-Album, zu bekommen. Wie auch immer die Aufnahmen in Umlauf gekommen waren – 1991 tauchten rund 1000 illegal gedruckte Platten mit neuen U2-Songs in Londoner Plattenläden auf, die natürlich schon längst reißenden Absatz gefunden hatten, als die Polizei sie beschlagnahmen wollte. Während dieses Bootleg für einige Aufregung sorgte, waren zuvor Raubpressungen von U2-Songs eher ein von Band, Management und Plattenfirma mehr oder weniger tolerierter Beweis des Starkults um die irische Band – und damit indirekt auch ein Gradmesser ihres Erfolges. Unter U2-Kennern gilt hier die Doppel-CD *All I Want Is U2* als empfehlenswert: Zu hören sind in recht guter Tonqualität alle Songs, die U2 während der „Love Town“-Tournee spielten. Aufgenommen wurde das Material für diese Raubpressung in Rotterdam (am 6., 9. und 10. Januar 1990) und Amsterdam (am 18. Dezember 1989). Gehandelt wurde diese CD in jüngster Zeit zu einem Durchschnittspreis von etwa 60 Mark. Die Liste der wertvollsten Sammlerstücke führt eine ganz andere Aufnahme an: Die Mehrfach-LP *U.S. Festival* enthält den Mitschnitt einer Live-Show, die der Radiosender Westwood One in Devore im US-Bundesstaat Kalifornien mit U2 und einigen anderen Bands veranstaltete. Den Preis der Platte bezifferte das Fachmagazin RECORD COLLECTOR 1988 auf rund 750 Mark. Auf Platz 2 folgte damals eine offiziell unveröffentlichte Studio-Version von *Fire* – Preis: umgerechnet rund 450 Mark.

... platten :

1980: Boy
A Day Without Me/ I Will Follow/ Twilight/ An Cat Dubh/ Into The Heart/ Out Of Control/ Stories For Boys/ The Ocean/ Another Time, Another Place/ The Electric Co./ Shadows And Tall Trees.

1981: October
Fire/ Gloria/ I Fall Down/ I Threw A Brick Through A Window/ Rejoice/ Tomorrow/ October/ With A Shout (Jerusalem)/ Stranger In A Stranger Land/ Scarlett/ Is That All?

1983: War
New Year's Day/ Two Hearts Beat As One/ Sunday Bloody Sunday/ Seconds/ Like A Song.../ Drowning Man/ The Refugee/ Red Light/ Surrender/ 40.

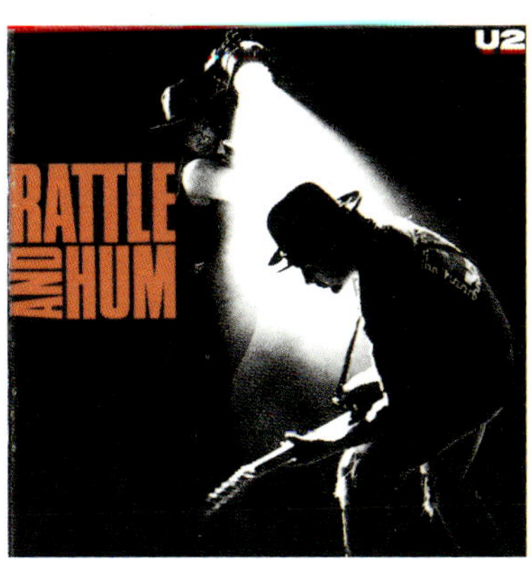

1983: Under A Blood Red Sky
Gloria/ 11 O'Clock Tick Tock/ I Will Follow/ Party Girl/ Sunday Bloody Sunday/ The Electric Co./ New Year's Day/ 40.

1984: The Unforgettable Fire
A Sort Of Homecoming/ Pride (In The Name Of Love)/ Wire/ The Unforgettable Fire/ Promenade/ 4th Of July/ Bad/ Indian Summer Sky/ Elvis Presley And America/ MLK.

1985: Wide Awake In America
Bad (Live)/ A Sort Of Homecoming (Live)/ The Three Sunrises/ Love Comes Tumbling.

1987: The Joshua Tree
Where The Streets Have No Name/ I Still Haven't Found What I'm Looking For/ With Or Without You/ Bullet The Blue Sky/ Running To Stand Still/ Red Hill Mining Town/ In God's Country/ Trip Through Your Wires/ One Tree Hill/ Exit/ Mothers Of Disappeared.

1988: Rattle And Hum
Desire/ Angel Of Harlem/ When Loves Comes To Town/ All I Want Is You/ Helter Skelter/ Van Diemen's Land/Hawkmoon 269/ All Along The Watchtower/ I Still Haven't Found What I'm Looking For/ Freedom For My People/ Silver And Gold/ Pride/Love Rescue Me/ Heartland/ God Part II/ The Star Spangled Banner/ Bullet The Blue Sky.

1991: Achtung Baby
The Fly/ Zoo Station/ Even Better Than The Real Thing/ One/ Until The End Of The World/ Who's Gonna Ride Your Wild Horses/ So Cruel/ Mysterious Ways/ Tryin' To Throw Your Arms Around The World/ Ultra Violet (Light My Way)/ Acrobat/ Love Is Blindness.